| 生活技能 073 |

開始在**澳洲**
自助旅行

作者◎張念萱
修訂協力◎榛知、胡郁琳

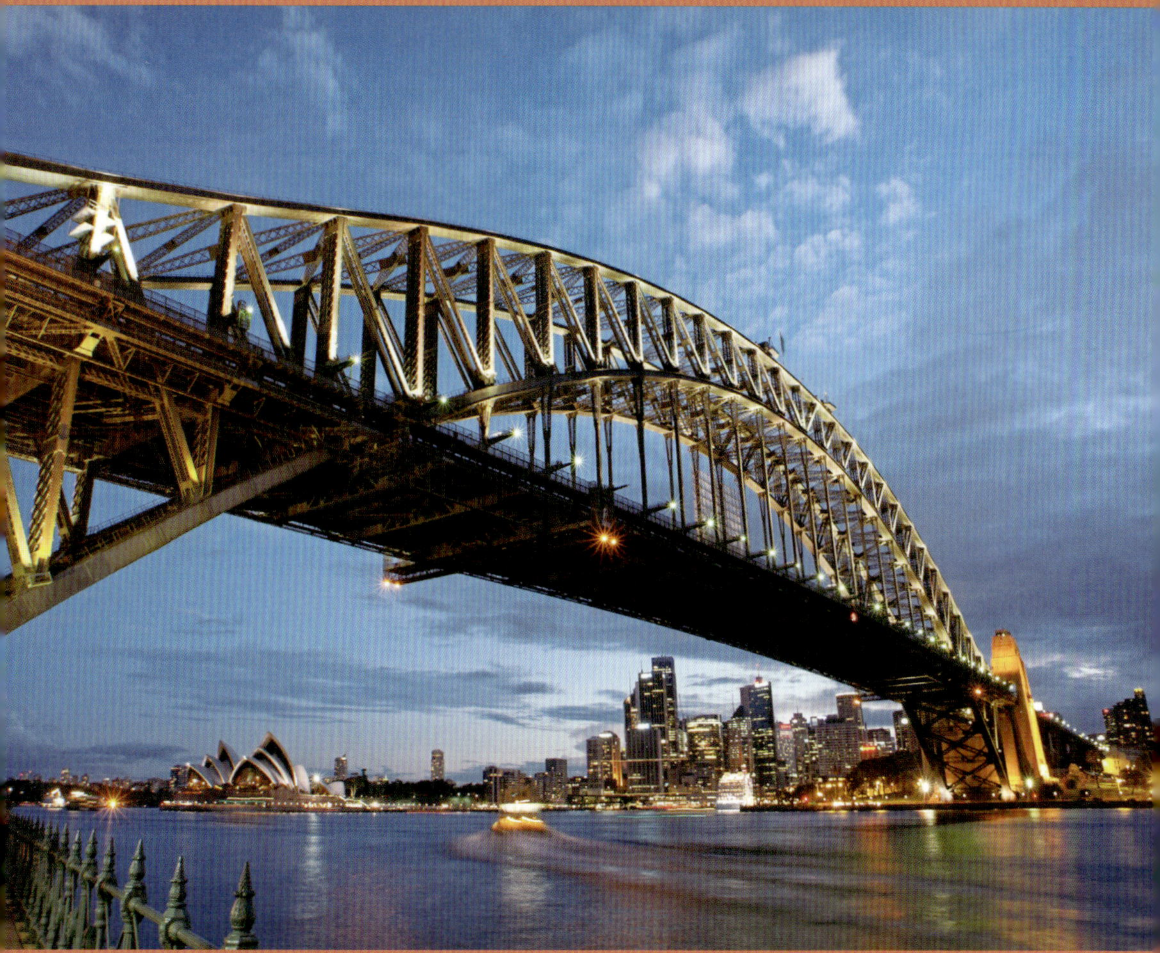

目 錄

- 04　澳洲行前Q&A
- 06　到澳洲必做的10件事
- 08　遊澳洲鐵則
- 10　編輯室提醒
- 12　作者序、修訂作者序

14
認識澳洲
- 16　澳洲小檔案

26
行前準備
- 28　搭乘廉航前進澳洲
- 32　要準備的證件
- 38　外幣匯兌
- 41　行李打包

44
機場篇
- 46　認識雪梨國際機場
- 47　入出境手續
- 52　從機場前往市區

54
交通篇
- 56　澳洲境內大眾運輸
- 60　雪梨交通運輸
- 76　墨爾本交通運輸
- 79　布里斯本交通運輸
- 80　黃金海岸交通運輸

82
住宿篇
- 84　住宿種類
- 86　訂房須知
- 87　住宿推薦
- 90　露營車營地

92
飲食篇
- 94　澳洲用餐文化
- 97　特色食物與蔬果
- 102　平價美食與異國料理
- 104　超市美食推薦

3 Traveling So Easy! in Australia

108
購物篇
- 110 澳洲特色名產
- 115 超市注目商品
- 118 機場伴手禮購買建議
- 120 澳洲購物趣
- 123 購物須知
- 124 退稅

128
玩樂篇
- 130 行程規畫
- 137 雪梨
- 148 新南威爾斯州
- 152 墨爾本
- 159 布里斯本
- 164 黃金海岸
- 167 漢密爾頓島特輯
- 169 伯斯
- 171 費里曼圖特輯
- 172 天鵝谷觀光工廠
- 173 羅特尼斯島特輯
- 176 阿德雷德
- 178 塔斯馬尼亞

182
通訊應變篇
- 184 打電話、上網、郵寄
- 188 緊急狀況處理
- 192 救命小紙條

澳洲行前 Q&A
旅遊澳洲你最想知道的10個問題……

Q1
去澳洲旅遊需要辦理觀光簽證嗎？
需要，目前持中華民國護照入境澳洲觀光，需申請「電子旅行簽證」(Electronic Travel Authority)可以自行上網申辦或透過指定旅行社代辦，代辦費用依旅行社規定有所不同。除了透過澳洲官方認可的旅行社代為辦理(每間旅行社的代辦費不同)，也可線上自行申請（詳見P.33）。

Q2
台灣到澳洲的直飛班機約幾小時呢？
台北飛往雪梨直飛班機的飛行時間約為9小時（詳見P.18）。

Q3
澳幣與台幣的匯率要如何計算呢？
目前澳幣與新台幣的匯率約為1：20.5(2025年)，也就是20.5元台幣可兌換1元澳幣。澳幣近年匯率起伏大，建議出發前3～6個月就先觀察匯率變化。

Q4
澳洲的治安好嗎？
澳洲的治安大致良好，但人多且混雜的觀光景點扒竊事件時有所聞，出門在外仍須注意貴重財物。晚上8點後街道較冷清，建議選擇明亮寬敞的大馬路行走，避免走進小巷道內(詳見P.20)。

Q5
澳洲有像美國一樣的小費文化嗎？
澳洲並沒有小費文化，但若去較高級的餐廳，可視服務給予小費。旅館的床頭小費，平均為1～2元澳幣。

Q6
在國外旅遊時間寶貴，若每天行程到晚上8點結束，我還有時間購物嗎？
商店營業時間約為09:30～18:00，但某些觀光區的商店會營業到19:00～20:00左右。若在澳洲想要享受逛街的樂趣，建議排一天白天的時間好好逛逛市集和市中心的商城(詳見P.20)。

澳洲水龍頭的水可以直飲嗎？

　　澳洲的自來水符合飲用水衛生標準，大多數地區水質良好。許多澳洲人習慣直接飲用水龍頭的水，但需要注意，建議飲用冷水，因熱水可能來自熱水器，不適合直接飲用。另外，水質可能因地區而異，如有需要，可以查閱當地供水公司的水質檢測報告。

我想去澳洲抱無尾熊拍照，每間動物園都有提供這樣的活動嗎？

　　依照各州法律不同，一部分的動物園禁止抱無尾熊。目前昆士蘭州的凱恩斯、黃金海岸、布里斯本和西澳的伯斯，有部分動物園有抱無尾熊的活動。至於台灣遊客常光顧的雪梨和墨爾本則禁止。建議出發前先查詢各動物園的規定。

在澳洲如果想要看袋鼠，只能到動物園去看嗎？

　　澳洲有非常多袋鼠，除了動物園外，若開車到郊外一點的區域也有機會見到野生袋鼠。但袋鼠也有攻擊性，接近時應小心，以免受到攻擊。

我沒去過澳洲，只聽說過物價很高，可否和台灣的物價比較，讓我有個心理準備？

　　澳洲物價相較於台灣的消費水準來說不算便宜，大眾運輸車資更是每年調漲，所以建議自助旅行的旅客出發前仔細規畫行程。舉例如下：

項目	價格
雪梨市公車 vs. 台北公車	雪梨市公車$3.2 台北公車約15元
雪梨市火車 vs. 台北捷運	雪梨市火車$4.2起跳 台北捷運20元起跳
香菸一包	澳洲香菸的售價為全世界最貴，約$30～60澳幣 台灣約50～100元不等
超商小瓶裝礦泉水	澳洲約$3.5澳幣 台灣約20元

到澳洲必做的10件事

和無尾熊來張合照
雖然不是每個地區都能擁抱無尾熊,但全國的動物園幾乎都有和無尾熊合照的服務,不妨全家一起留下難忘的紀念!

近距離餵袋鼠
袋鼠也是澳洲動物園中受人矚目的主角之一,大多能夠讓旅客近距離親自餵食,可別錯過這難得的機會。

體驗高空跳傘
有人說人生沒體驗過高空跳傘就不算完整了,澳洲政府對於跳傘的安全把關相當嚴格、價格合理,且地點選擇十分多元,雪梨、墨爾本、布里斯本、伯斯都有許多著名的跳傘景點,有機會不妨挑戰看看吧!

見識雪梨歌劇院之美
歌劇院不只是雪梨的代表建築,更可說是代表澳洲的象徵之一。就算不聽音樂會,也絕對得找個機會來見識雪梨歌劇院的風采。

逛當地大型連鎖超市
來到澳洲,不妨逛逛知名的兩大連鎖超市「Coles」和「Woolworths」。逛超市除了能貼近當地人的生活外,還能採買到便宜又有特色的澳洲紀念品喔。兩大超市甚至每週都會精選商品做半價促銷,每週三即可看到最新一期的特價資訊出爐。

酒莊一日遊
澳洲的葡萄酒世界聞名，在郊區有不少酒莊。推薦喜愛葡萄酒的旅客來趟一日遊的酒莊之旅，就算不買酒也可以試喝。

逛傳統市集
澳洲各地假日有不少傳統市集，有別於一般的百貨商店，市集裡提供手工製品和有機食品，不只吸引外國旅客，亦是當地假日的人氣景點。

咖啡廳享受悠閒氛圍
澳洲人愛喝咖啡，常常可看見沿著街邊的咖啡廳座無虛席。近年來澳洲有不少特色咖啡廳成為旅客焦點，但其實澳洲知名的連鎖咖啡廳Gloria Jeans也是不錯的選擇。

品嘗美味澳洲肉派
說到澳洲美食，當然不能錯過知名的肉派了！不只有肉派專門店，在各大超市的冷凍食品區，也可以看見各式各樣的派類食品上架。

去國家公園見識壯闊美景
全澳洲有超過500座國家公園，地貌多變，豐富的動植物種類令人歎為觀止。無論是雪梨近郊的藍山國家公園，亦或是烏魯魯加他茱達國家公園，都是澳洲具代表性的象徵之一。

「遊 澳洲 鐵則」

☑ 七月去澳洲記得穿羽絨外套！
理由：南半球與北半球的季節相反，台灣處於炎熱的攝氏35度高溫時，澳洲大概只有10度左右甚至更低溫，相反地，冬天時，在澳洲是超級炎熱的夏天。出發前，不要忘記確認當地氣候，備妥適當的衣物。

☑ 走路請靠左邊！
理由：走路習慣與台灣人相反，走在街上與搭乘電扶梯時要盡量靠左邊。同樣地，行車方向也與台灣相反，過馬路時記得先看右邊來車。

☑ 網路不如台灣方便！
理由：在澳洲使用網路不如台灣方便，更不會處處都有免費網路可使用。若旅程中有需要用到網路，建議在出發前先租好Wi-Fi分享器，或在抵達澳洲後於機場購買當地的預付卡。

☑ 拍照前須經過當事人同意！
理由：澳洲人相當注重隱私和個人權益，有時旅客只是在街上隨意拍照，路人卻覺得自己上了鏡頭，而走過來要求刪除照片。因此在拍照時需要特別留意，若發現會拍到別人，即使並非刻意，也可以先徵求當事人的同意，以免造成不愉快。

☑ 招牌上寫「Hotel」不一定是旅館！
理由：許多酒吧的招牌會寫上Hotel，其實不是投宿的旅館，而是過去為了喝醉酒的客人所附設的房間，招牌就沿用下來了。澳洲的法令有規定，在酒吧內睡覺是違法的，因此喝醉酒的客人會被店員給搖醒，千萬不要有去酒吧喝個爛醉的念頭。

☑ 請勿隨意餵食鳥類！
理由：澳洲的野鳥比街道上看到的狗還多，而且非常不怕人，還會飛到你身邊討東西吃，建議不要隨意餵食，不然鳥群們纏著你可是很麻煩的。

☑ 澳洲特有的英語口音和單字！
理由：澳洲人講的英語口音和我們習慣的美式口音有些許不同，有疑問的話還是建議向對方詢問清楚，才不會造成不必要的誤會。

☑ 運動狂熱份子！
理由：澳洲人熱愛運動，無論是自己去運動或是看球賽，都非常普遍。因此澳洲的電視台有一半以上都在轉播運動賽事。

☑ 不要隨意觸摸小朋友！
理由：澳洲人普遍熱情，但隨意觸碰在他們的文化是一種侵犯。在語言文化有差異隔閡情況下最好避免糾紛，不要隨意觸碰路上遇到的小朋友或你澳洲朋友的小孩。

✅ 下雨不撐傘
理由：澳洲不像台灣這麼經常下雨，通常下雨之後也很快就會放晴，所以晾衣服很容易就乾了。此外，由於澳洲工業不發達，沒有酸雨的問題，因此許多本地人下雨天時都不會撐傘。

✅ 開車要小心路間野生動物！
理由：澳洲有許多野生袋鼠，閃避袋鼠而出車禍的新聞時有所聞。因此在路上很常看見注意動物的標示，特別是在人煙稀少的公路上，真的會看見野生袋鼠突然跳出來。

行家祕技　澳洲Small Talk小技巧

在澳洲旅遊，經常會遇到熱情的本地人主動攀談。學會幾句簡單的日常英文對話，能讓你與對方聊天更加順利自然。

常見主題1：天氣

陌生人之間對話最簡單的開頭便是天氣，任何時候都可以談論這個話題，詢問本地人天氣的情況。以下是例句：

問 Lovely weather today, isn't it?
今天天氣真好，不是嗎？

答 It's perfect! Much better than yesterday. Does it usually rain a lot during this time of the year?
是呀，很完美！比昨天好多了。每年這個時候通常會下很多雨嗎？

常見主題2：你從哪裡來

在餐廳或者購買景點門票時，時常會被問到從哪裡來此地旅遊。這時除了介紹台灣，也可以順便簡單分享旅程，詢問一些旅行建議。以下是例句：

問 Where are you from?
你從哪裡來？

答 I'm from Taiwan. It's our first time visiting Australia, we will be travelling from Sydney to Melbourne, do you have any recommended towns to stop by?
我來自台灣。這是我們第一次訪問澳大利亞，我們將從雪梨前往墨爾本，請問您有什麼推薦的城鎮嗎？

常見主題3：穿著打扮

澳洲人說話習慣是出了名的誇張派，而且喜歡稱讚彼此，如果有人誇獎你的衣服或是包包，只要大方接受即可。以下是例句：

問 I love your jacket! Where did you get it?
好喜歡你的外套！你在哪裡買的？

答 Thank you! I just bought this from Uniqlo yesterday.
謝謝你！我昨天才剛在Uniqlo買的。

開始 So Easy! 自助旅行 10
在澳洲

臺灣太雅出版
編輯室提醒

出發前，請記得利用書上提供的通訊方式再一次確認

每一個城市都是有生命的，會隨著時間不斷成長，「改變」於是成為不可避免的常態，雖然本書的作者與編輯已經盡力，讓書中呈現最新的資訊，但是，仍請讀者利用作者提供的通訊方式，再次確認相關訊息。因應流行性傳染病疫情，商家可能歇業或調整營業時間，出發前請先行確認。

資訊不代表對服務品質的背書

本書作者所提供的飯店、餐廳、商店等等資訊，是作者個人經歷或採訪獲得的資訊，本書作者盡力介紹有特色與價值的旅遊資訊，但是過去有讀者因為店家或機構服務態度不佳，而產生對作者的誤解。敝社申明，「服務」是一種「人為」，作者無法為所有服務生或任何機構的職員背書他們的品行，甚或是費用與服務內容也會隨時間調動，所以，因時因地因人，可能會與作者的體會不同，這也是旅行的特質。

新版與舊版

太雅旅遊書中銷售穩定的書籍，會不斷修訂再版，修訂時，還區隔紙本與網路資訊的特性，在知識性、消費性、實用性、體驗性做不同比例的調整，太雅編輯部會不斷更新我們的策略，並在此園地說明。您也可以追蹤太雅IG跟上我們改變的腳步。

◉ taiya.travel.club

票價震盪現象

越受歡迎的觀光城市，參觀門票和交通票券的價格，越容易調漲，特別Covid-19疫情後全球通膨影響，若出現跟書中的價格有落差，請以平常心接受。

謝謝眾多讀者的來信

過去太雅旅遊書，透過非常多讀者的來信，得知更多的資訊，甚至幫忙修訂，非常感謝大家的熱心與愛好旅遊的熱情。歡迎讀者將所知道的變動訊息，善用我們的「線上回函」或直接寄到taiya@morningstar.com.tw，讓華文旅遊者在世界成為彼此的幫助。

開始在澳洲自助旅行 新第八版

作　　者	張念萱
總 編 輯	張芳玲
發想企劃	taiya旅遊研究室
編輯部主任	張焙宜
修訂協力	榛知、胡郁琳
企劃編輯	張敏慧
主責編輯	張敏慧
特約編輯	梁雲芳
修訂主編	鄧鈺澐、林云也
封面設計	許志忠
美術設計	許志忠
地圖繪製	許志忠

國家圖書館出版品預行編目(CIP)資料

開始在澳洲自助旅行／張念萱作.
——八版，——臺北市：太雅，2025.07
面；　公分．——（So easy；073）
ISBN 978-986-336-578-5（平裝）
1.自助旅行　2.澳洲
771.9　　　　　　　　　　　114005154

太雅出版社
TEL：(02)2368-7911　FAX：(02)2368-1531
E-mail：taiya@morningstar.com.tw
太雅網址：http://taiya.morningstar.com.tw
購書網址：http://www.morningstar.com.tw
讀者專線：(02)2367-2044、(02)2367-2047

出 版 者　太雅出版有限公司
　　　　　台北市106辛亥路一段30號9樓
　　　　　行政院新聞局局版台業字第五○○四號

總 經 銷　知己圖書股份有限公司
　　　　　106台北市辛亥路一段30號9樓
　　　　　TEL：(02)2367-2044／2367-2047
　　　　　FAX：(02)2363-5741
　　　　　網路書店：http://www.morningstar.com.tw
　　　　　郵政劃撥：15060393 (知己圖書股份有限公司)

法律顧問　陳思成律師

印　　刷　上好印刷股份有限公司　TEL：(04)2315-0280
裝　　訂　大和精緻製訂股份有限公司　TEL：(04)2311-0221

八　　版　西元2025年07月01日
定　　價　380元

(本書如有破損或缺頁，退換書請寄至：
台中市西屯區工業30路1號 太雅出版倉儲部收)

ISBN　978-986-336-578-5
Published by TAIYA Publishing Co.,Ltd.
Printed in Taiwan

填線上回函
開始在澳洲自助旅行

pse.is/4vlt5f

作者序

等你發掘，屬於你獨一無二的澳洲之旅。

澳洲是個要山有山、要水有水的地方，無論是從城市到國家公園，或是從城市到海灘，都無需花太多時間。你可以喜歡熱鬧，也可以享受恬靜，澳洲就是如此讓人著迷的國家。澳洲的自然環境優美，就算是生活在城市鬧區之中，只要一抬頭還是會驚歎，為什麼這裡的天空這麼地藍？

每一個人都會有屬於自己的澳洲印象。對於我，那是曾經生活、求學，常常聽不懂濃厚的澳式英文而充滿挑戰的國度。對於你來說，又會是怎麼樣的印象呢？這可能是你的蜜月旅行、孝親之旅、人生首度背包客冒險前進南半球，也有可能只是單純想逃離炙熱的台灣夏日，去澳洲來場避暑之旅。無論你去澳洲的原因是什麼，我都祝福你帶著滿滿的回憶，以及屬於你自己的澳洲印象歸來。

這本書的問市要感謝很多人。感謝我的爸媽永遠無條件地支持著我，謝謝住在雪梨的表姊思筠總是擔當我的駐澳顧問，也要謝謝提供照片的表姊思平、姊夫坂下幸紘、Winston、Cynthia、Sarah。最後要感謝太雅出版團隊，芳玲總編、雲芳編輯、敏慧編輯、美術設計阿忠，以及能讓這本書不斷注入新血的編輯們。

感謝所有參與製作此書的每一位。

關於作者

張念萱

畢業於澳洲國立雪梨大學亞洲研究所，過去10年曾在雪梨、東京、新加坡求學和工作。曾經在天上飛，也曾在地上爬。相信旅行不是一輩子的志業，但卻是人生中重要的養分。

著有《開始在澳洲自助旅行》與《開始在新加坡自助旅行》。

修訂作者序

澳洲的美好，與愜意的生活步調。

在來澳洲之前，我對於澳洲沒有太多的認識與想像，只是聽聞澳洲打工度假有機會可以賺到一桶金，大學剛畢業的我決定踏出舒適圈，結果非常「幸運」地才來沒多久疫情就大爆發，就這樣意外地留在澳洲。

初來澳洲覺得一切都很新奇，這3年走遍澳洲各個城市：充滿現代與繁忙的雪梨、文藝且優雅的墨爾本、輕鬆愜意的布里斯本、復古懷舊的塔斯馬尼亞……，每個地方都有它自己的特色與令人著迷之處。

希望有機會來到澳洲的你，不管是旅遊、遊學還是打工度假，都可以好好體驗與享受澳洲的美好與愜意的生活步調。

胡郁琳

修訂作者序

在這神奇的國度，好好地放鬆感受吧！

從一場暑期探親之旅，到留學、進入職場、移民。當年立志長大要當記者的我，完全無法想像來到澳洲後，人生會走向截然不同的方向。十幾年的時間，越來越喜歡在這裡生活，也希望可以將澳洲推廣給更多人知道。

澳洲是一個神奇的國度，接納了來自世界各地的人們，在這片土地活出自己的精采。除了蔚藍的天空與海灘、可愛的有袋動物外，如果仔細觀察，就會發現各色文化的美食、商店等，都很值得探索。這次受邀修訂這本書，希望幫助讀者旅遊的過程更順暢，同時也看到更多面向的澳洲。來到澳洲，把腳步放慢，體驗這裡的文化與自然風光，好好放鬆一下吧！

榛知

關於修訂作者

胡郁琳

於2019年疫情爆發前來澳洲打工度假，意外成為了鎖國前的最後一批背包客，原本只計畫在澳洲待1年就回台灣，沒想到愛上了澳洲的環境而繼續留在澳洲工作與生活。平時喜歡到處旅行、拍照，把所有旅行的回憶記錄在部落格裡。

http lynntravelholic.com
@yulinhu

關於修訂作者

榛知 (Jen Liu)

澳洲職場人社群創辦人｜產品經理｜換日線專欄作家

高二時到雪梨求學，畢業於雪梨大學電腦科學系，現已移民長居澳洲。因為非常喜歡澳洲的文化與自然風光，也經歷過獨自打拼移民的困難，在正職工作外，也致力於將澳洲的知識及旅遊心得化繁為簡，分享給想來澳洲或者剛來澳洲的台灣人。

http jenliu.com.au @jenknowsau
@jenknowsau Jen Knows榛知

認識澳洲
About Australia

澳洲,是個什麼樣的國家?

澳洲地理位置在哪裡?有沒有日光節約時間?航程多久?有多少人口?
以及氣候、時差、語言、貨幣、電壓的基本概念為何?
這些實用的資訊都在本單元,讓你輕鬆對澳洲有基本的瞭解。

澳洲小檔案

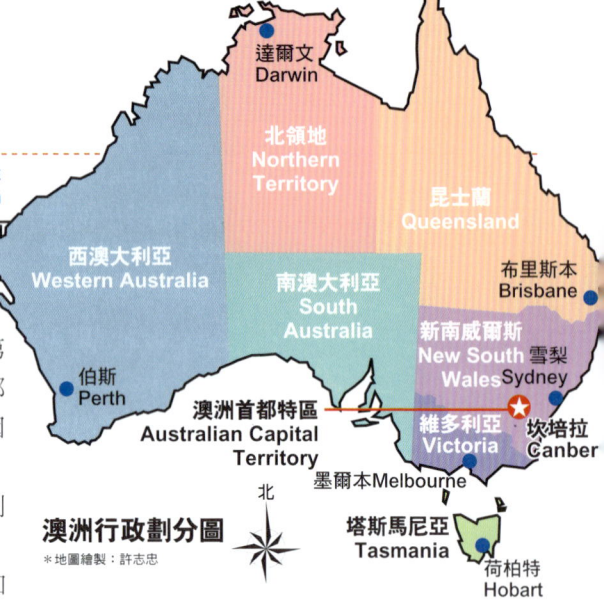

澳洲小檔案 01

地理 | 景觀變化十分豐富

　　澳洲總面積769萬平方公里，是世界上面積第六大的國家，也是位於南半球第一大陸塊。大部分人口聚居於東部、東南部的沿海地區，內陸因土壤貧瘠及氣候關係，人煙稀少。

　　澳洲全國分為6個州和2個領地。6個州分別為：新南威爾斯、昆士蘭、南澳、塔斯馬尼亞、維多利亞、西澳。2個領地則為澳洲首都領地和北領地。

澳洲小檔案 02

歷史 | 早期為英國殖民地

　　自16世紀開始，歐洲人陸續前往澳洲開發，最早是葡萄牙人、荷蘭人，到了17世紀，英國人正式宣布新南威爾斯為其領地。1787年，英國艦隊載著750名囚犯來到了雪梨，成為澳洲早期的拓荒者，在漸進式的開發中，越來越多的歐洲人進駐澳洲，直到18世紀中，澳洲已經是羊毛工業發達、金礦開採活躍，以及資本雄厚的地區。

　　1901年1月1日，原有的6個殖民地區改建為州，成立澳大利亞聯邦。1914年澳洲參與第一次世界大戰，雖為戰勝國之一，但死傷眾多，造成國家經濟蕭條。二次大戰澳洲再度參戰，再度得勝，兩次參與世界大戰，增加了澳洲國民對國家的信心，吸引了更多新移民前來這塊土地定居，成為多種族的新興國家。

澳洲基本情報

首都：坎培拉
面積：約769萬平方公里
人口：約2,569萬人
宗教：澳洲是個信仰自由的國家，因早期多歐洲移民的關係，基督教、天主教、英國國教占多數；近年來越來越多不同種族的人移居澳洲，所以也不難看見回教、佛教、道教的信徒或聚會。
官方語言：英語
使用貨幣：澳幣AUD

▲ 在雪梨市區，處處可見歐洲式建築，足見歐洲人在此處開發的用心程度

澳洲小檔案 03

氣候 | 季節與北半球相反

澳洲位於南半球，氣候與台灣正好相反，春天為9～11月、夏天為12～2月、秋天為3～5月、冬天為6～8月。另外，因為國土面積廣大，所以各城市即使是相同的月分，溫度氣候差異也極大。

雪梨

雪梨的夏天氣候宜人，穿著輕便的衣服即可；冬天溫度很少會降到7度以下，建議攜帶足夠保暖的衣物。

墨爾本

墨爾本因受到印度洋冷風影響，「一天如四季」的氣候已是見怪不怪，建議可以穿著「洋蔥式穿搭」，氣候很乾燥，千萬要記得做好保濕，皮膚才不會受傷。

布里斯本

布里斯本為亞熱帶氣候，終年溫暖炎熱，夏季濕熱、冬季乾暖，不太需要帶到厚重的衣物。

三大旅遊城市平均溫度

季節\城市	雪梨	墨爾本	布里斯本
春季(9～11月)	11～23℃	10～24℃	13～27℃
夏季(12～2月)	18～26℃	13～26℃	20～30℃
秋季(3～5月)	14～23℃	13～16℃	13～29℃
冬季(6～8月)	8～17℃	6～15℃	10～23℃

天氣預報看這裡

可查詢澳洲各州未來一週的天氣預測，不只有氣溫，連風速、降雨量、濕度相關氣候資訊也都說明得非常詳細。
http www.bom.gov.au

＊資料時有異動，請以官方公布的最新資料為主

貼心小提醒

日夜溫差大，要備妥長袖外套

就算是夏天也應攜帶一件薄外套，因為澳洲的日夜溫差是很嚇人的，大部分商店約18:00～19:00打烊，若臨時覺得冷可能還找不到商店購買禦寒衣物，所以身上一定要備妥長袖外套。

澳洲小檔案 04

語言 | 不同美式英語的澳洲英語

澳洲主要使用語言為英語，但和台灣所習慣的美式英語口音略有差異，也有許多我們不熟悉的澳洲當地諺語。因為亞洲移民眾多，所以在市區內常常都會聽到中文，中式餐館多半也可以中文或廣東話點餐。

澳式口語英語和美式英文差很大

中文	美式英文	澳式口語英語
澳洲人	Australian	Aussie
下午	Afternoon	Arvo
烤肉	BBQ	Barbie
自行攜帶(註1)	Bring your Own	BYO
餐飲(內用)	For Here	Have Here
一般招呼語	Hello	G'day
老兄、朋友	Guys	Mate
別擔心、沒關係	No problem, Forget about it	No worries
袋鼠	Kangaroo	Roo
謝謝	Thank you	Ta
餐飲(外帶)	To Go	Take Away
早餐	Breakfast	Brekkie

註1：旅客通常會在許多餐廳門口會寫上BYO的字樣，意思是你可以自行攜帶飲品入內。

影片：30個常用澳洲俚語

澳洲小檔案 05

時差 | 10～4月有日光節約時間

西澳與台灣的時間一樣,沒有時差問題,北領地及南澳比台灣快1.5小時,昆士蘭州(布里斯本所在地)、新南威爾斯州(雪梨所在地)、維多利亞州(墨爾本所在地)則比台灣快2小時。澳洲某些地區有所謂的日光節約時間(Daylight Saving Time),因此每年10～4月的這段時間,澳洲國內的時差也變得較為複雜,前往旅遊時需要稍微注意。

澳洲最新的日光節約期間為每年10月的第一個週日開始,一直到隔年4月的第一個週日結束,2009年經過公民投票後,西澳州退出日光節約制度,目前仍然有新南威爾斯州、維多利亞州、南澳州、坎培拉特區和塔斯馬尼亞州實施中。

日光節約時間這裡查
可根據你目前所在區域,以及即將前往地區選擇查詢。
http www.rba.gov.au/schedules-events/daylight-saving.html

＊資料時有異動,請以官方公布的最新資料為主

澳洲小檔案 06

留學 | 學費較美國便宜

澳洲為英語系國家,是許多留學生選擇來澳洲念書的主因,學費又較美國便宜,近年來留學生數量成長驚人。在澳洲,留學生大部分就讀於大學、研究所或是專科技術學校,但也有不少家長會送小孩來此處接受國小、國中、高中教育。

除了正式文憑外,許多機構皆有開設短期課程,你可以只學語文、調酒、煮咖啡等,短期課程大多在3個月以內結束,正式文憑的課程則依每個學系不同而略有調整,詳細的留學資訊可以洽詢澳洲教育中心。

澳洲教育中心看這裡
http www.studyaustralia.gov.au
@ taipei@studyinaustralia.gov.au

＊資料時有異動,請以官方公布的最新資料為主

澳洲小檔案 07

航程 | 直航雪梨9小時

目前台灣飛雪梨、布里斯本、墨爾本有直飛航班。除此之外,國泰航空、酷航、新加坡航空、菲律賓航空、廈門航空、中國南方航空,以及中國東方航空等,有提供轉機航班。通常第三國轉機價格會優於直飛,可依照預算及時間自行選擇。

■ 台灣直飛雪梨(航程約9小時):中華航空
■ 台灣直飛墨爾本(航程約9.5小時):中華航空
■ 台灣直飛布里斯本(航程約9小時):中華航空、長榮航空

豆知識
兔子是不祥的象徵

一般人通常覺得毛茸茸的兔子很可愛,但對於澳洲人來說,兔子卻是邪惡的化身。因為澳洲原先並沒有兔子,但1788年歐洲人將兔子帶進澳洲後,兔子繁殖快速,除了大吃牧草外,更破壞了當地的生態。因此在澳洲文化中,兔子是種禍害的象徵。

澳洲小檔案 08

人口 | 以英國、歐洲、亞洲移民為主

澳洲現在約有2千7百萬人，人口組成以最早期的英國移民及其他歐洲、亞洲國家移民為主，亦有少數澳洲當地原住民。雖然澳洲人口與台灣差不多，但面積卻是台灣的200多倍，因此活動空間也比台灣寬敞許多。

澳洲小檔案 09

電壓 | 220～240V(伏特)

澳洲使用的電壓為220～240V（伏特），使用的插座類型為八字型三插扁頭。倘若使用的電器電壓為220～240V，只需更換插頭轉接器即可使用；倘若電壓不符合澳洲規格，就需搭配變壓器。

電源切斷開關
攝影／袁思筠

澳洲小檔案 10

貨幣 | 常用的有5種紙鈔、6種硬幣

近年來澳幣匯率波動較大，澳幣匯兌台幣的匯率約為1：20.5（2025年2月查詢），建議出國前1～3個月經常觀察澳幣走向，較能換到划算的匯率。澳幣紙鈔含有膠質成分，觸感佳之外還易於保存，比較不怕有摺痕及汙漬。目前市面上流通貨幣包括5種紙鈔及6種硬幣，紙鈔有5元、10元、20元、50元、100元；硬幣有5分、10分、20分、50分、1元、2元。「分」(cent)的硬幣為銀色，「元」(dollar)的硬幣為金色。

澳幣圖案典故

紙張正面是選用早期拓荒者、重要人物肖像，如5元紙鈔是英國女皇伊莉莎白二世；10元是知名詩人、記者和騎師AB 'Banjo' Paterson；20元是早期澳洲成功女商人Mary Reibey；50元是作家、演講者、發明家David Unaipon；100元是世界知名女高音Dame Nellie Melba。

行家祕技：避免使用大面額紙鈔

購買小額商品的時候，應盡量避免使用50或100元紙鈔，防止找錯錢的情況發生。因稅金關係，常會有商品總價無法正確找零的現象，有時候商家會多收，有時候又會少收，倘若有些店家多收了你2分錢，不要誤會是他們算錯了，而是計算方式不同的關係所造成。舉例來說：

商品售價(澳幣)	實收
5.81、5.82	5.80
5.83、5.84、5.85、5.86、5.87	5.85
5.88、5.89	5.90

澳洲紙鈔近年有換新樣式，因此可以看到兩款不同的紙鈔在市面上流通。舊版觸感較為粗糙，新版則更為光滑。

紙幣圖片提供／Reserve Bank of Australia，http://www.rba.gov.au

澳幣5元紙鈔

澳幣10元紙鈔

澳幣20元紙鈔

澳幣50元紙鈔

澳幣100元紙鈔

澳洲小檔案 11

銀行 | 提款機據點多

　　持留學簽證進入澳洲者，可以在當地銀行開立學生帳戶，需要準備護照、留學簽證號碼（現在多是電子簽證，護照上並沒有特別標明，但簽證辦完時會以E-mail寄發給申請人，出國前記得先列印好）、Offer Letter（入學通知書）、eCOE（electronic Confirmation of Enrolment for overseas students，海外學生電子註冊確認函），以及在澳洲居住的聯絡方式，如地址、電話。

　　留學生多半選擇ANZ、Commonwealth、NAB、Westpac等大型銀行進行開戶，不但分行眾多，ATM提款機據點也很多，很容易提領，以節省跨行提領的手續費。學生帳戶可以享有免保管費的優惠，在澳洲銀行辦理開戶，並沒有存摺帳簿，要查詢餘額或轉帳都可直接進入線上銀行辦理，非常方便；每個月的帳戶明細可以選擇以紙本寄送或是網上查閱。

　　開戶後，銀行會給你一張提款卡，可以用來提款及購物扣款，即使出門，也不用帶太多現金。

▲ 在澳洲，大部分消費都可刷卡支付，因此ATM有日漸減少的趨勢

澳洲小檔案 12

營業時間 | 週六、日不營業

　　澳洲商店的營業時間多為10:00～18:00，打烊時間較台灣早；超市和餐廳營業時間比較長，多半在08:00～21:00，18:00以後，並沒有太多可以逛街購物的地方，若要購物的遊客需利用白天時間，到雪梨遊玩的旅客，可利用每個週四晚上的購物夜採購，商店會延長營業時間至21:00。各間商店營業時間略有不同，有些商店週六、日是不營業的，有特定想去的店家，建議一定要先行查詢營業時間，以免敗興而歸。

　　銀行與郵局的營業時間為09:00～17:00，但因每間分行營業時間不同，請以各局公布為準。

▲ 澳洲商店打烊時間較早，要購物者一定要先查詢時間

澳洲小檔案 13

治安 | 貴重財物不外露

　　澳洲各區的治安不盡相同，雖然因槍枝管制等原因，整體相比歐美安全許多，但城市人多且雜，仍可能有治安死角，觀光客需注意自身財務及安全。在餐廳或美食街，應注意不要離開背包視線範圍外，且公眾場合不要將貴重財物外露。不要因為出國太開心而掉以輕心，畢竟人身安全才是旅途中最重要的一件事情。

澳洲小檔案 14
南半球特有動物

位於南半球的澳洲，因為特殊的地理位置，仍有許多特有種存在。來到澳洲，除了袋鼠和無尾熊外，千萬不要錯過其他此處才有的動物們。澳洲有非常多動物園，也設有野生動物保護區。不少遊客為了近距離接觸澳洲特有動物而造訪這片土地。若時間足夠，不妨安排半天動物園之旅，相信無論大人小孩都會開心滿載而歸。

袋鼠 Kangaroo

Kangaroo這個名字的由來有好幾種說法。其中廣為流傳的傳說是英國人來到澳洲，第一次看到袋鼠時詢問當地原住民這是什麼動物，原住民回答「gangurru」，其實是原住民的語言「不知道」的意思，但因為語言不通的誤解就這樣成為袋鼠的名字。還有另外一說，「gangurru」是原住民語言中「會跳的東西」之意。

袋鼠為澳洲常見的動物，除了動物園中一定會看到外，野外也有許多野生的袋鼠。有些路段可見到注意袋鼠出沒的標誌，因為袋鼠突然衝出來導致車禍的事件時有所聞。

▶ 袋鼠也是有攻擊性的動物，有時可見到袋鼠打架的畫面

▲ 只要手上有食物，很快就會被袋鼠群給包圍

鴯鶓 Emu

鴯鶓（發音同兒苗）是除了鴕鳥之外體型第二大的走禽類。由於翅膀已經退化所以不會飛行，但是他們跑得非常快，最快可以達到每小時50公里。動物園裡的鴯鶓大多可和遊客互動，雖然他們身高很高約150～200公分，看來有些嚇人，但餵食時會發現其實鴯鶓比想像中的溫柔。

▶ 餵食時只要將放上飼料的雙手攤平，鴯鶓就會湊過來進食，並不會故意啄傷遊客

路上觀察　澳洲國徽的代表

澳洲的國徽上可看見袋鼠和鴯鶓，這兩種動物除了是當地特有種外，他們還是只會前進不會後退的動物。其行為也象徵著澳洲這個國家不斷前進的活力。若有機會去動物園，不妨好好觀察他們一下。

無尾熊 Koala

Koala其實是源自澳洲原住民語言中「不喝水」的意思，因為無尾熊平常不太喝水，水分多從尤加利樹葉中取得，所以才被取了Koala這個名字。雖然中文翻譯為無尾熊，但牠並不是熊，而是屬於有袋類動物。

無尾熊一天睡眠約18～21小時，因此若造訪動物園時看見無尾熊精神奕奕吃著尤加利樹葉，代表你真的很幸運喔！

澳洲各州法律不同，一部分的動物園禁止抱無尾熊。目前昆士蘭州的凱恩斯、黃金海岸、布里斯本和西澳伯斯的部分動物園有抱無尾熊的活動。雖然雪梨和墨爾本禁止遊客抱無尾熊，但仍有機會近距離接觸。

▲雖然在雪梨不能擁抱無尾熊，但仍可近距離合照　▲在動物園也可以觀察無尾熊互動的情形
(圖片提供／雪梨費瑟戴爾野生動物園)

袋熊 Wombat

雖然沒有袋鼠和無尾熊出名，但袋熊也是澳洲特有的動物！圓滾滾的身形配上毛茸茸的外觀，就像是玩偶一般，超可愛的。

▲睡眼惺忪的幼袋熊，軟綿綿很好抱

行家祕技：雪梨費瑟戴爾野生動物園

費瑟戴爾野生動物園(Featherdale Wildlife Park)位於雪梨市區至藍山的途中，若參加當地旅行社的藍山一日遊，通常都會順路造訪這間動物園。園區內有280多種動物，最受遊客喜愛的袋鼠、無尾熊、袋熊都可以近距離接觸，每個時段有不同的動物秀和講解。詳細的參觀資訊可在官網查詢(www.featherdale.com.au)

▲鱷魚餵食秀　▲企鵝也是受矚目的動物之一
(以上圖片提供／雪梨費瑟戴爾野生動物園)

澳洲小檔案 15

國定假日

日期	國定假日	區域
1月1日	New Year's Day (新年)	全澳洲
1月26日	Australia Day (澳洲國慶)	全澳洲
3月第一個週一	Labour Day (勞工節)	塔斯馬尼亞州
3月第二個週一	Labour Day (勞工節)	維多利亞州
3月第二個週一	Canberra Day (坎培節)	坎培拉特區
4月復活節前的週五	Good Friday (耶穌受難日)	全澳洲
4月春分月圓後第一個週日	Easter (復活節)	全澳洲
4月26日	ANZAC Day (紐澳軍團紀念日)	全澳洲
5月第一個週一	Labour Day (勞工節)	昆士蘭州
6月第二個週一	King's Birthday (國王誕辰日)	西澳外除
10月第一個週日	Labour Day (勞工節)	新南威爾斯州 坎培拉特區 南澳州
12月25日	Christmas Day (聖誕節)	全澳洲
12月26日	Boxing Day (節禮日)	全澳洲

＊澳洲各地的國定假日不盡相同，出發前請至各州相關網站查詢。
＊製表／張念萱

澳洲小檔案 16
年度活動與盛事

活動名稱	時間	地點	內容
塔斯馬尼亞美食節 (Taste of Tasmania)	12月底～1月初	塔斯馬尼亞荷伯特	澳洲美食盛事之一，除了可以品嘗到佳肴外，還可在此慶祝新年，欣賞美麗的煙火。 http tasteofsummer.com.au
澳洲網球公開賽 (Australian Open)	1月	墨爾本	網球4大滿貫的賽事之一，在比賽期間，墨爾本的機票和住宿都會漲價，建議事先規畫。 http ausopen.com
雪梨同性戀狂歡節 (Sydney Gay and Lesbian Mardi Gras)	2月	雪梨	同性戀者的年度盛事之一，大家穿著鮮豔大膽的衣著遊行，真的讓街上充滿了彩虹。 http www.mardigras.org.au
坎培拉熱氣球嘉年華 (Canberra Balloon Spectacular)	3月	坎培拉	色彩鮮豔的熱氣球緩緩升空，為秋日的坎培拉帶來不同的活力。 http enlightencanberra.com/canberra-balloon-spectacular
一級方程式澳洲格蘭披治大賽 (Formula 1 Australian Grand Prix)	3月	墨爾本阿爾伯特公園 (Albert Park)	方程式賽車的重要賽事之一。墨爾本市區彷彿變成大型賽車場，近距離感受到極速賽車所帶來的震撼。 http www.grandprix.com.au
雪梨皇家復活節農展會 (Sydney Royal Easter Show)	4月	雪梨奧林匹克公園 (Sydney Olympic Park)	持續近200年的復活節盛事。其中的動物體驗、嘉年華等，都是小朋友喜歡的活動。 http www.eastershow.com.au
繽紛雪梨燈光音樂節 (Vivid Sydney)	5月	雪梨	活動期間，雪梨街道上處處皆驚喜。透過燈光的變換，雪梨歌劇院被染成紅色、市政廳彷彿變成另一棟建築。每年都有不同巧思，非常值得一看。 http www.vividsydney.com
冬季藝術節 (Dark Mofo)	6月	塔斯馬尼亞荷伯特	塔斯馬尼亞位於澳洲最南端，冬季時是最寒冷的區域。節慶除了各類音樂、藝術表演外，最後會以集體裸泳畫下難忘的句點。 http darkmofo.net.au
黃金海岸機場馬拉松大賽 (Gold Coast Airport Marathon)	7月	黃金海岸南港 (Southport)	沿著世界知名的黃金海岸奔馳，享受在馬拉松賽事中難得一見的沙灘美景。 http goldcoastmarathon.com.au
城市到海灘馬拉松大賽 (Sydney City2Surf)	8月	雪梨	由雪梨的中心商業區出發，一路到美麗的終點邦代海灘。總長14公里，參賽者會精心打扮，彷彿一場嘉年華會。 http city2surf.com.au
墨爾本盃狂歡節 (Melbourne Cup Carnival)	11月	墨爾本弗萊明頓賽馬場 (Flemington Racecourse, Melbourne, Victoria)	這場賽馬盛會是墨爾本人年度大事之一。除了欣賞賽馬之外，大家都會精心打扮，尤其女性們都會戴著華麗的帽子去參加。 http www.flemington.com.au/melbournecupcarnival
雪梨跨年煙火秀 (Sydney New Year's eve Fireworks)	12月31日	雪梨	每年最後一天，全世界關注的倒數盛會之一。在港灣大橋及歌劇院周圍有絢爛的煙火，壯闊的場面令全世界的觀眾屏息。 http www.cityofsydney.nsw.gov.au

澳洲的奇妙景象

在澳洲，路上沒有流浪狗，卻有許多野鳥會追著人要東西吃。

噴漆塗鴉好過癮！學校人員乾脆另闢一條隧道讓大家自由發揮。

除了一般人印象中的咖啡色袋鼠外，還可以看見白色袋鼠喔！

澳洲人喜歡在假日舉辦室外婚禮，親朋好友一起把酒言歡。

澳洲人愛穿夾腳拖四處晃，連賣場裡都設有夾腳拖的販賣機！

澳洲有專門給狗狗玩耍的大型公園，飼主可解開頸鍊讓狗狗自由奔跑。

南、北半球季節相反，在澳洲的聖誕節會看見大家穿著短袖短褲。

澳洲曾因路面傾斜加上風大，嬰兒推車不慎摔落軌道的事件。因此火車站內可見注意標誌。

澳洲城市的清道夫—澳洲白䴉主要在城市，通常在垃圾桶附近出沒，經常在人們野餐時偷吃食物，也會翻找垃圾當作主食，當地人戲稱為「垃圾鳥」。

澳洲的天很藍、雲很白、陽光也非常強，擁有這樣的好天氣和景色，人們總是喜歡往戶外跑，生活與大自然完全融合。澳洲人尤其熱愛水上活動，做日光浴、衝浪等等，所以每到假日，海灘上永遠人滿為患，你可能會誤以為全澳洲人都來海邊了！既然到了澳洲，不妨隨著當地人的腳步放鬆心情，盡情享受海風。

澳洲不像台灣每天收垃圾，每一戶固定配有兩個大型綠色垃圾桶，蓋子分別是黃色(回收)和紅色(一般垃圾)，在每週的固定時間，會看到大家把自家的垃圾桶推到路邊排排站，等待垃圾車來收垃圾。

在澳洲不管是公園、商店、超市，甚至是百貨公司，都可以看到赤腳走路的澳洲人，澳洲人喜歡赤腳和他們崇尚自由、隨性的個性有關，不少澳洲人除了在家不穿鞋，出門也直接赤著腳，除非是對衣著有特定嚴格要求的場合，不然澳洲人的打扮都相當舒服隨意。

在台灣，自來水都必須經過煮沸才能夠飲用，但在澳洲的自來水(從水龍頭流出來的水)是可以直接飲用的，有些餐廳會提供免費的飲用水(Tap Water)就是指這種自來水喔。

在澳洲除了在合法販售酒的餐廳、酒吧以及自家可以飲酒外，其餘公共場所是不能飲酒的！如果被警察發現的話，會收到$200～2,000澳幣的罰單！

澳洲除了週四為Shopping Night(購物夜)，會延長營業時間到晚上，其他時間(包含週末)大部分的店家5、6點就會關門了，想要逛街的旅客一定要好好把握星期四這一天。

行前準備
Preparation

出發前,該做哪些準備?

要飛到南半球的澳洲,護照、簽證怎麼辦理?機票怎麼買?
什麼時候去比較好?行李如何打包?
各種相關的行前需要準備資訊都在本單元。

搭乘廉航前進澳洲

若想前往澳洲旅遊，事前準備時會發現預算中有一大半為機票的開支。

一般航空公司若從台北直飛澳洲，依日期不同價位約在4萬台幣上下，目前台北能直飛的澳洲機場為雪梨、布里斯本、墨爾本。若能適當運用廉價航空的優點，不但有機會買到2萬多台幣的來回機票，還可以去到其他不同的城市。

現在有許多廉價航空開航台灣的航點，大家也逐漸習慣了廉價航空的模式，但若你還是新手，不妨仔細閱讀此章節，有助你快速了解如何使用廉價航空的要領。

廉價航空 LCC

LCC是廉價航空（Low-Cost Carrier）的縮寫，為了提供價格較低的機票，多數廉價航空會將託運行李、機上餐飲、機上娛樂分開販售。為了將客艙徹底運用，座位會稍微窄小以增加載客人數。

廉價航空為了將成本壓低，一般航空公司機上會有的備品，例如洗手間放置的乳液、紙杯，客艙內使用的拖鞋、眼罩一律不提供。但是安全面不會打折，因此若不是非常講究客艙服務的旅客，也可將廉價航空納入考慮的選項。

飛澳洲轉機點有哪些

目前沒有任何LCC從台灣直飛澳洲，但酷航有提供在新加坡轉機至雪梨、黃金海岸、墨爾本、伯斯的航班。除此之外，也有亞洲航空可至馬來西亞吉隆坡轉機、Viet Jet至越南轉機、Cebu Pacific至宿霧轉機等，選擇十分豐富。

轉機時間怎麼抓？

不同航空轉機通常需要重新報到和重新辦理行李託運，為了避免排隊人潮及班機延誤的情況發生，轉機時間建議抓3～4小時以上較為保險。廉價航空通常不會有延誤的相關賠償，若是趕不上下一段航班的話，只能自己認賠，重新購票了。

轉機需要簽證嗎？

若為「不入境」轉機國家的話，就無需辦理該國簽證，但是通常換飛機的轉機方式都會要求先出境再重新入境，有些國家也會要求事先登記轉機簽證，因此建議需要轉機的旅客事先查詢好轉機國家的要求，以及是否需要簽證喔！

航空公司(航空公司代號)	台灣出發機場(機場代號)	中轉(機場代號)	澳洲抵達機場(機場代號)
Scoot酷航(TR)	台灣桃園機場(TPE)	新加坡樟宜機場(SIN)	雪梨(SYD)、黃金海岸(OOL)、墨爾本(MEL)、伯斯(PER)

我適合搭廉價航空嗎

廉價航空由於人力較少，機上服務也精簡化，因此要搭乘前應先衡量個人需求。

■ **行動不方便者、需醫療照護者**：部分LCC飛機上並沒有提供客艙內輪椅和醫療器材，或因為人力關係，有限制一架航班只能乘載幾位輪椅使用者，以便照顧。若有此類需求的乘客，建議先和航空公司聯絡。

■ **與2歲以下嬰兒同行者**：LCC多半不提供嬰兒使用的嬰兒吊床，且嬰兒不占位，有可能長途飛行8小時都得把小孩抱在身上，相當累人。

■ **日期與時間絕對無法更動者**：航班的日期與時間絕對無法更動，要多加考慮是否搭乘LCC。因廉價航空班機有限，只要一延遲就很容易牽連到後面的航班，因此須審慎評估。另外，廉價航空超賣時會自動替乘客改到其他航班，時間不寬裕的人須特別注意。

便宜機票搶購有訣竅

若是想在旅遊旺季（12～2月或國人的寒暑假期間）前往澳洲，建議盡早訂票，通常旅遊旺季期間較無減價空間，為了等特價而太晚出手有可能向隅，但其他期間就有不少可以撿便宜的機會。

出發前半年起開始觀察票價

建議在出發前半年多蒐集欲搭乘航空的資訊，通常LCC都會有每週固定的特價時段，可加入網站會員獲得第一手資訊。每逢各大節慶也會有大型促銷活動，建議可多加利用。

廉航訂票步驟 Step by Step

以下以酷航網站為例，其他航空請依該公司網站為準。 www.flyscoot.com

貼心 小提醒

搭乘廉價航空請留意

■ **航班資訊時有異動**：最新訊息以航空公司網站為準。

■ **須注意轉機停留時間**：若過短則容易有趕不上下一段航班的風險，訂購前最好與航空公司確認。

■ **持中華民國護照享30天免簽**：持中華民國護照至新加坡、馬來西亞可享30天觀光免簽；日本90天免簽。若轉機時想要入境當地觀光，千萬不要忘記託運行李就要分成兩段託運。

■ **不同航空公司服務不同**：現在許多航空依區域劃分成不同公司，在訂購機票時需要特別注意。例如亞洲航空集團分成全亞洲航空、亞洲航空；虎航則有台灣虎航、澳洲虎航，雖看起來是同一個集團，但有可能轉機時行李無法直掛，還需要先入境拿行李然後再出境，有些公司則是會提供直掛行李的服務但需額外付費，這部分需要特別留意。

Step 1 登入航空公司網站

若有促銷活動，記得輸入促銷代碼。

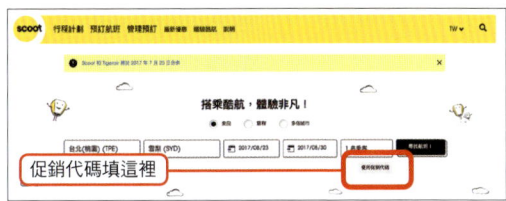

促銷代碼填這裡

Step 2　選擇適合的航班

若有多個航班可供選擇，記得看清楚轉機時間與價格的不同。

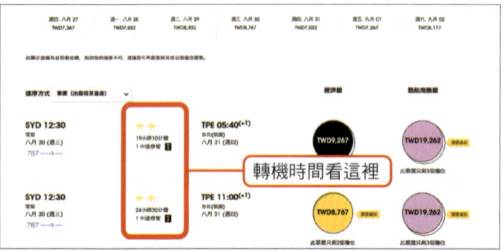

Step 5　餐食選擇

機上餐食選擇眾多，每一段航程都可分開預訂。

Step 3　選擇適當日期

日期不同，票價也會有所調整。若時間彈性的乘客，即可挑選票價便宜的日期訂購。

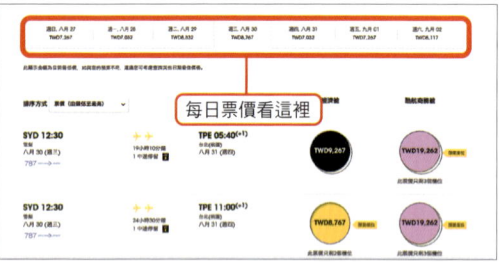

Step 6　託運行李重量選擇

提前預訂託運行李額度，比在機場付超重費便宜得多喔！

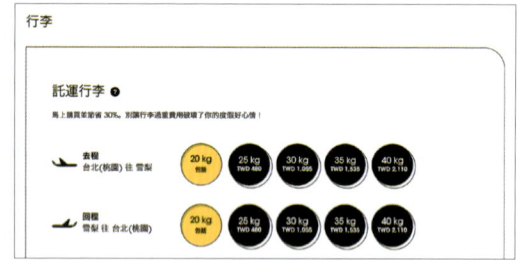

Step 4　選擇行李託運與餐點

票種可分為純機位、機位加託運行李、機位加託運行李和飛機餐、商務艙座位（內含機上餐食和託運行李），可依照個人需求選擇。

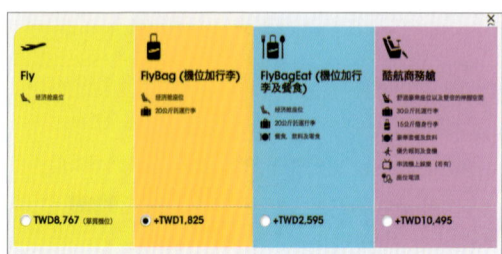

Step 7　行李直掛服務

廉價航空和一般航空不同，部分行李直掛為加值服務，若沒有另外付費則需先辦理入境手續後領取行李，之後再重新至櫃檯Check in。

31 Traveling **So Easy!** in Australia

行前準備

Step 8　購買旅遊保險

可依據個人需求購買旅遊保險，市面上旅遊保險產品眾多不妨多加比較。

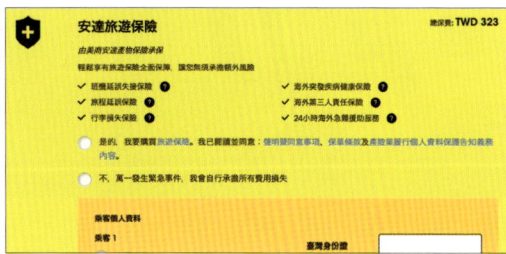

Step 9　選擇座位

雖然都在經濟艙，但依照腳距的寬敞程度價格也不相同。另外建議與小朋友同行的旅客先加價選位，因為櫃檯劃位可不保證家人一定可以坐在一起。

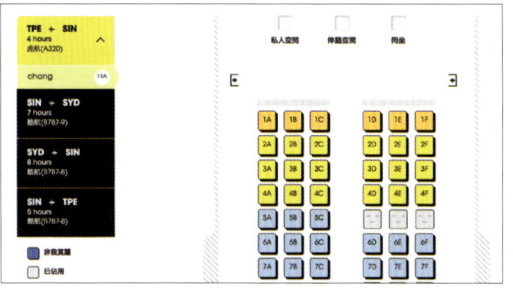

Step 10　其他服務選項

廉航的加值服務不斷推陳出新，近年飛機上提供無線網路的航空公司也越來越多。想在飛機上辦公、或與家人上網聯繫的旅客，不妨考慮付費網路的服務。

享受一段舒適的LCC旅程

■ 多補充水分

LCC飛機上多不提供免費的飲用水，須購買罐裝水。建議過海關後購買礦泉水帶上飛機，或自備水壺從飲水機裝水。客艙空氣乾燥，多補充水分能減緩長途旅程的不適。

■ 製造舒適的座椅環境

由於班機上不提供免費借用的毛毯和枕頭，乘客可自帶慣用的毯子和頸枕登機。不但飛機上可使用，旅途中若有長途拉車的行程也用得到喔。

■ **避免受到干擾**：LCC沒有餐飲服務，但會派餐車至客艙兜售。若不想被餐車販售或周圍旅客打擾，可自備眼罩和耳塞，幫助你一路好眠。

■ **打發時間的休閒娛樂**：由於飛機上沒有提供免費的娛樂系統，大部分乘客選擇自己攜帶平板電腦，先將想看的連續劇、電影下載好，在飛行途中一次看個過癮。**請注意** 基於飛安理由，起降時應聽從空服員指示關機。建議可帶本一直想讀卻沒時間讀的小說，是打發時間的好方法。

■ **多走動活動筋骨**：長時間坐在狹小的空間易引發經濟艙症候群。建議穿著輕便寬鬆的衣服，鞋子也避免穿太緊，每隔30～60分鐘起身走動，就算不想去洗手間也可在客艙內走一走。

耳塞　眼罩　充氣枕頭

要準備的證件

持台灣護照者可線上申辦電子觀光簽證，方便快速。

申辦護照

誰需要申辦護照

已經持有護照或護照即將過期：檢查一下護照有效日期是否還剩下6個月以上，若不足6個月，就需要前往外交部領事事務局辦理新的護照。

尚未持有護照或護照已經過期：請攜帶必備文件前往各地區的外交部領事事務局辦理。

申請護照必備文件

- 護照申請書。
- 6個月內拍攝的護照專用照片2張。護照相片規定如下：光面白色背景、半身、正面、脫帽、露耳、露眉毛，不可戴角膜變色片和眼鏡。
- 若為換發護照，需將原有的舊護照帶去，首次申辦者不用。
- 身分證正本與影本正、反面各一份。
- 未滿20歲者需有父親、母親或監護人的身分證正本與影本正、反面各一份。
- 2013年起，晶片護照申請費為1,300元。
- 一般件10個工作天，遺失補證為11個工作天。

護照這裡辦

外交部領事事務局
www.boca.gov.tw
台北市中正區濟南路1段2-2號3～5樓
(02)2343-2888

中部辦事處
台中市南屯區黎明路2段503號1樓
(04)2251-0799

雲嘉南辦事處
嘉義市東區吳鳳北路184號2樓之1
(05)225-1567

南部辦事處
高雄市苓雅區政南街6號3～4樓
(07)211-6600

東部辦事處
花蓮市中山路371號6樓
(03)833-1041

開放時間：週一～週五 (國定假日不上班)
申請時間：08:30～17:00 (中午不休息)

申辦澳洲簽證

要到澳洲短期觀光，持台灣護照者可以選擇2種方式辦理簽證，一為ETA電子旅遊憑證，一為傳統觀光簽證。

電子旅遊憑證
ETA(Electronic Travel Authority)

＊資料時有異動，請以官方公布的最新資料為主

ETA是一種先進、便捷、隱藏式的電子許可憑證，是針對以觀光或商務目的前往澳洲旅客所提供的入境許可憑證，取代原有在護照上查證標籤（visa label）或簽證章（stamp）。

獲准核發的電子旅遊憑證，在護照中是不會有任何紙張形式，一經核准，澳洲移民局便會將個人資料記錄在澳洲移民局的電腦系統，機場航空公司人員及授權旅行社可直接進入此系統確認入境資格。

ETA共有電子觀光簽證（976類別）、電子短期商務簽證（977類別）與電子長期商務簽證（956類別）三種簽證類別，可依個人目的前往申辦，但一般旅客以電子觀光簽證為主。

電子觀光簽證（976類別）

- **簽證內容**：1年有效期限，可多次入境澳洲，每次以3個月為上限，最終簽證內容依最終核發為準。持此簽證入境不可在澳洲工作，可進行觀光、探親，或進行不超過3個月的課程。
- **申辦方式**：2012年起澳洲在台辦事處已不再處理簽證申辦事宜，想要辦理澳洲簽證的旅客，除了透過澳洲官方認可的旅行社代為辦理（每間旅行社收取的簽證代辦費用不同），也可以線上自行申辦遞交ETA觀光簽證，費用為$20澳幣。

■ 辦理電子觀光簽證所需資料：

1. 護照（應注意護照是否仍有最短6個月的有效期限，且申請人必須在台灣才能辦理）
2. 身分證影本
3. 入學許可（如有申請3個月內課程者）
4. 預計出發去澳洲及回程台灣的日期

學生簽證辦理較繁瑣

若要前往澳洲就讀語言學校、大學、研究所等長期課程達3個月以上者，一律需要申請學生簽證。學生簽證辦理較繁瑣，需要先通過學校申請，及體檢證明、財產證明等，詳情可詢問澳大利亞簽證服務處。

電子觀光簽證申辦步驟 Step by Step

Step 1 下載APP

下載AustralianETA APP。

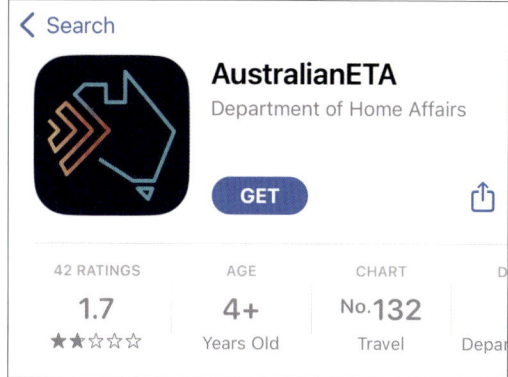

Step 2 打開ETA APP

打開APP後，接下來連續3頁都是ETA簽證的相關說明，分別為：只有特定國家可使用APP申請、介紹什麼是ETA簽證，以及ETA簽證相關規定。每一頁都點選「Next / Agree」即可。

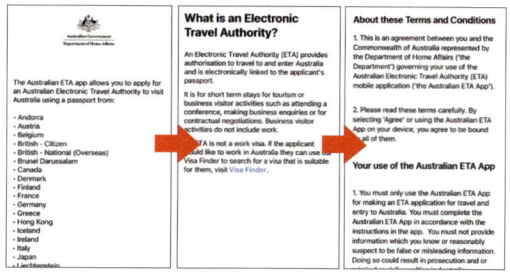

Step 3 是否為旅行業者

選擇「No」之後，點選「Next」。

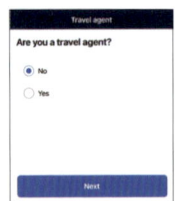

 Step 4 點選「New ETA」

選擇「New ETA」後，會出現一頁詢問你是否同意資訊搜集，點選「Agree」即可，接著下一頁點選「Start」正式開始申請作業。

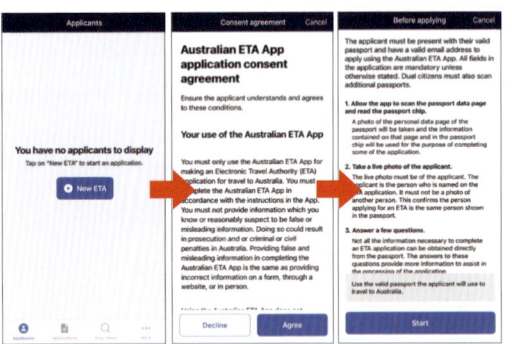

 Step 5 掃描護照

點選「Scan passport」，並掃描你個人護照的資訊頁。接著點選「Read passport chip」，將手機靠近護照，感應護照封面上的晶片。

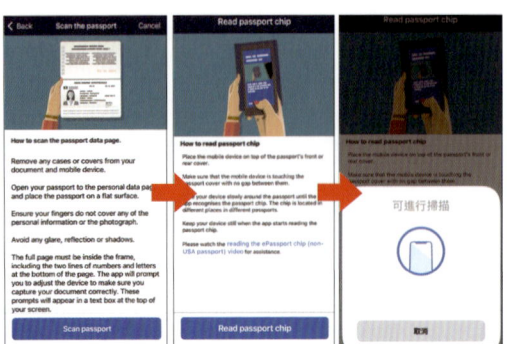

 Step 6 確認掃描結果

確認系統判別的護照資料是否正確，正確無誤請按「Confirm」，如有錯誤請按「Rescan」重新掃描。

A.國籍 / **B.**姓氏 / **C.**名字 / **D.**生日 / **E.**性別 / **F.**護照號碼

 Step 7 拍攝自拍照

點選「Take photo」，按照指示拍攝自拍照。

 Step 8 確認護照資料

確定無誤後，點選「Next」。

是否有其他簽證

確認是否持有其他澳洲簽證，沒有請點選「Next」。

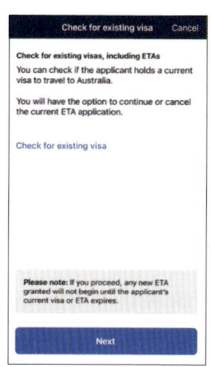

填寫手機號碼

確認地址正確及填寫台灣手機號碼後，點選「Next」。

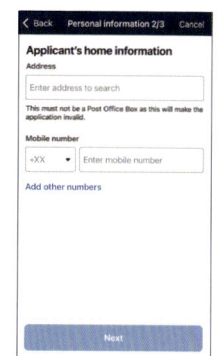

選擇出生地

選擇出生地，以及是否曾經改名，選填完請點選「Next」。

A. 申請者出生地
B. 是否曾經改名

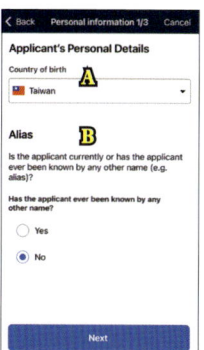

填寫E-mail信箱

填寫電子信箱後，按下「Verify Email」，前往信箱收取認證信件。

填寫詳細地址

填寫在台灣的居住地址（使用英文），填寫完後點選「Next」。

A. 台灣居住地址 / **B.** 鄉、鎮、區 / **C.** 縣、市 / **D.** 郵遞區號 / **E.** 國家

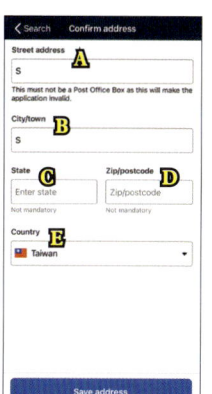

輸入驗證碼

驗證成功後點選「Next」。

Step 15 確認全部資料

再次確認所有護照相關資料、地址及電話，都正確後，點選「Confirm and save profile」。

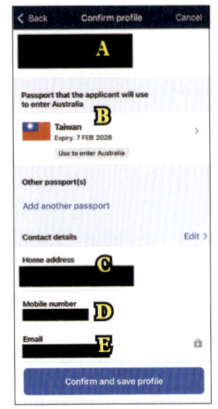

A.姓名、生日、出生地 / B.護照資料 / C.居住地址 / D.電話號碼 / E.電子信箱

 ### Step 18 填寫澳洲居住地

填寫澳洲預計居住地的地址和電話(可填寫飯店的地址和電話)，填寫完後點選「Next」。若勾選不知道居住地，需要解釋原因。

A.我知道居住地址
B.澳洲的居住地址(飯店地址)
C.申請者的電話(飯店電話)
D.緊急聯絡人名字(飯店名稱)

 ### Step 16 選擇簽證類別

選擇ETA簽證類別(商務／觀光)、勾選回答問題後，點選「Next」。

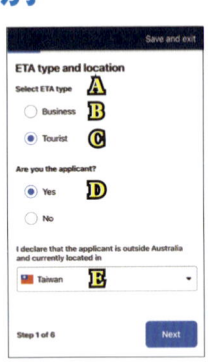

A.ETA電子簽證類別 / B.商務人士 / C.觀光旅遊 / D.是否為本人申請 / E.目前所在國家

 ### Step 19 確認資料無誤

確認所填資料無誤，點選「Next」。

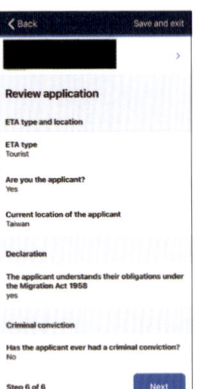

Step 17 確認聲明

接下來是3份不同的聲明，依序為簽證申請聲明、犯罪記錄聲明、家庭暴力聲明，每一頁都要勾選後，再點選「Next」。

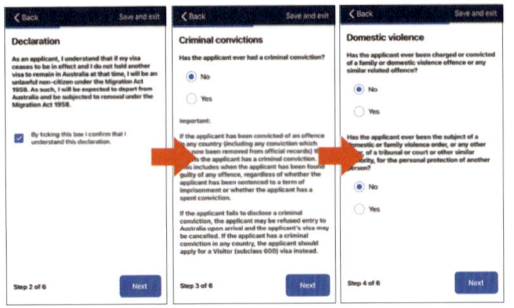

 ### Step 20 線上付款

點選「Next」後會進入付款頁面，可選擇Apple Pay或信用卡支付，完成繳費之後會顯示成功收取遞交資料，接著點選「Done」即完成。倘若簽證審核通過，申請者的電子信箱會收到簽證信件，也可以在APP內查詢是否下簽。

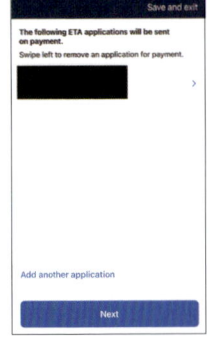

申辦國際學生證 ISIC

凡教育部公布認可學校之在校生，均可申辦國際學生證（International Student Identity Card）。此證可在全球使用，但各國可享有的學生證優惠各有不同，建議可至ISIC澳洲網站逛逛，若提供的優惠符合需求再申辦。近年國際學生證的優惠已不只博物館門票而已，連租車服務、訂房網站、青年旅館YHA，甚至餐廳和藥妝店也有折扣。澳洲國際學生證ISIC優惠資訊：www.isic.com.au/discounts。

申辦須知

2019年3月起國際學生證一律為線上申辦，取件則可選擇櫃檯自取（僅限台北辦公室），或選擇郵寄服務。
- **申辦費用**：新台幣400元（採固定效期，自當年9月～次年12月）
- **申辦網址**：www.isic.com.tw/jsp/tw/home/ch/apply-for-card.jsp

貼心小提醒

國際學生證不適用於學生優惠票

在澳洲各地，有許多地方都會標明「學生優惠票」，但僅限於持澳洲護照或永久居留權的當地學生，不包括持國際學生證的外國學生。此外，在雪梨不能用國際學生證購買學生車票，若被查到，會有高額罰金！

短期觀光不建議安排自駕行程

大城市裡往往塞車和找車位就會花掉大半時間，加上全澳洲境內駕駛座皆位於右邊，其實不是很便利，若是短期觀光，建議避免自行租車。

申辦國際駕照

若想在澳洲開車自駕旅遊，須先在台灣將國際駕照辦理好，才能上路。別忘記在出國前將國際駕照和台灣駕照放在一起，因為國際駕照的有效日期是以台灣駕照的日期為準。

申辦必備資料
- 身分證或居留證
- 原領之汽車駕駛執照正本
- 本人最近6個月內拍攝的2吋同樣式照片2張（光面素色背景、脫帽、五官清晰、正面半身照）
- 護照影本
- **申辦費用**：新台幣250元
- **相關資訊查詢**：tpcmv.thb.gov.tw/MotorVehicles/DriverLicense/InternationalLicense/i01.htm

申辦YH青年旅館卡

倘若決定在旅行期間要入住YH青年旅館，建議在台灣先將YH卡辦好，有些青年旅館是非會員無法入住，有些則是會員才可享會員入住的優惠。由於各家YH青年旅館優惠不一，建議訂房前要先詢問清楚。

申辦必備資料
- 護照正本（或影本）
- 另一證件正本（如身分證、健保卡、中華民國駕照）
- **申辦費用**：新台幣600元
- **申請辦法**：可親自前往中華民國國際青年旅舍協會辦理，或是郵寄、傳真
- **相關資訊查詢**：www.yh.org.tw/index.aspx

外幣匯兌

澳幣現金跟信用卡都要隨身攜帶。

到澳洲旅遊，依筆者經驗建議攜帶「澳幣現金」與「信用卡」，澳幣可在台灣的銀行先行換好，因為當地匯兌的手續費較高。許多市中心的便利商店有提供外幣兌換服務，但要注意匯率及手續費比銀行高。旅行支票雖可以掛失，但常會發生商家拒收、銀行加收手續費等情形，建議避免使用。

銀行線上結匯步驟 Step by Step

使用銀行線上結匯，除了可以拿到比當天牌告匯率更優惠的價格外，還可以省去在銀行大排長龍的時間。以台灣銀行的線上換匯為例：

Step 1 前往台灣銀行線上結匯頁面

http://fctc.bot.com.tw

Step 2 選擇幣別和提領外幣的分行

可以選擇自己方便前往的分行，也可以選擇在出國當天，到機場銀行櫃檯領取，但千萬要看清楚機場銀行的營業時間。例如，桃園國際機場開放提領時間為07:00～21:00，且須在護照查驗前的櫃檯領取。

▲ 選擇方便前往的分行

▲ 選擇機場銀行櫃檯

信用卡跨國提款步驟
Step by Step

要使用信用卡提款，請先在台灣確認好信用卡有支援且已開通跨國提領現金功能。

Step 1　找到適用的提款機

❶ 確認有合作的信用卡公司
❷ 插入信用卡

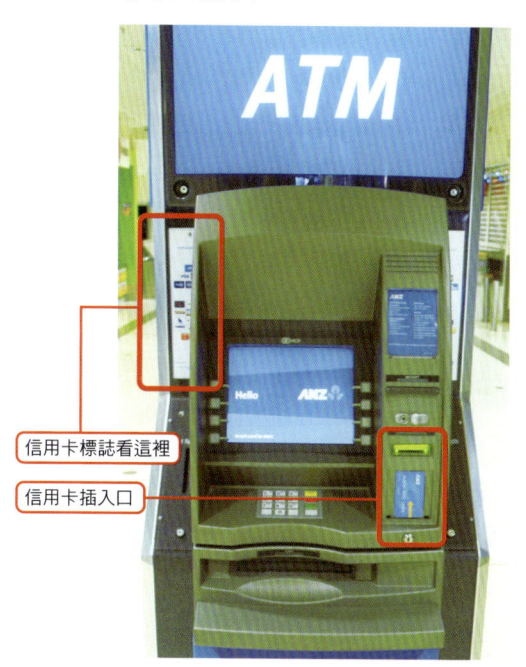

信用卡標誌看這裡
信用卡插入口

Step 2　輸入信用卡密碼

Step 3　選擇幣別的面額

建議多選擇一些小面額的澳幣，方便到當地花用。

當天詳細的匯率
選擇幣別的面額

Step 4　填寫交易資料並確認

填寫個人資料以及指定領取日期、領取分行、繳款方式。繳款可選擇直接由網路銀行扣款，或是至最近的ATM繳款。

Step 5　繳交款項

若選擇至ATM繳款，會收到繳款帳號的編號，記得在指定時限內前往繳款，否則申購紀錄會被取消。

Step 6　依照自己指定的時間，前往分行領取外幣

通常銀行會有線上結匯專用窗口，已經將購買者的外幣準備好，上班族可利用中午休息時間去領取，非常方便。

行前準備

Step 3 選擇提款的金額

選擇設定好的提款金額或其他金額「Other Amount」自行輸入。

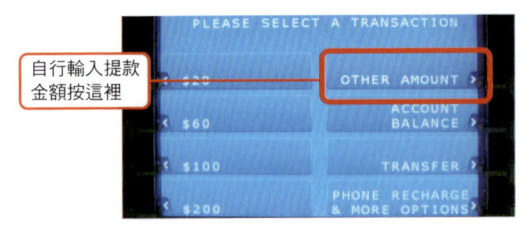

- 自行輸入提款金額按這裡

Step 4 選擇信用卡選項

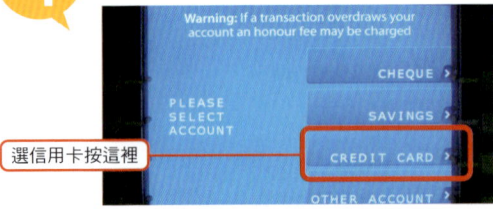

- 選信用卡按這裡

Step 5 手續費提醒

每次提款銀行會收取約$2澳幣手續費，要注意各銀行規定不同，而信用卡公司可能也會酌收額外費用。倘若確定要繼續提款，請按「Continue」（繼續），否則按「Cancel」（取消）。

- 繼續交易按這裡

Step 6 資料讀取作業中請等待

Step 7 提領交易成功

1. 現金會從提款機下方送出
2. 右方領取收據

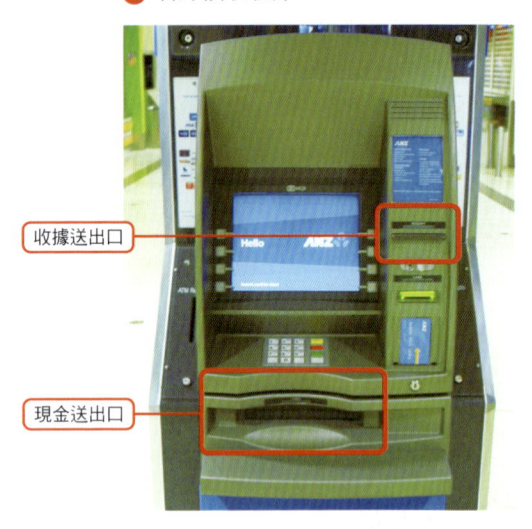

- 收據送出口
- 現金送出口

旅費預算

對沒到過澳洲的旅客來說，因為對當地物價不甚熟悉，所以在考量旅費預算時有一定的難度。以下列舉澳洲基本物價及消費，讓你即使第一次前進澳洲，也能事先掌握大約的消費水平。

非花不可的基本開銷

機票、旅館、電子旅遊憑證申辦費用、Wi-Fi機或預付卡（澳洲上網用）、旅遊平安保險（建議加保）。

住宿費用

旅程中，住宿成本會依照旅行人數不同而有很大的差別。若是1人獨自旅行，住大飯店很可能會讓成本大增，可投宿在青年旅舍（Hostel），但其中多人合住的房間內，除了錢財要特別小心

外，淺眠的旅人也可能較不適合。

若是比較難入睡的人，建議別為了省小錢，搞得每天晚上睡不著覺，第二天沒精神走行程，可說是得不償失。

- **背包客獨自成行**：多人同住1間房的青年旅舍，每晚約$40～60澳幣／床位。
- **飯店標準2人房**：一般的飯店房間都是以雙人為基準計價，每晚約$250～350澳幣／間。

飲食費用

在澳洲有很多元的飲食選擇，可以隨興地吃，亦可安排一頓米其林大餐。路邊的Kebab（類似台灣的沙威瑪）、炸魚和薯條等，每餐的花費約$15～25澳幣；若想要在餐廳吃較正式的一餐，建議每人預算約$30～50澳幣。澳洲沒有強制給小費的習慣，這方面比較不需要擔心。

交通費用

澳洲各大城市都有推出不少便利旅客的套票，或優惠的交通計算方式。以雪梨的澳寶卡（Opal Card）為例，可無限制搭乘各種大眾運輸，一天不會超過$18.70澳幣，一週則不會超過$50澳幣。可以此為基準大致推算交通的開銷。

- 台灣機場來回車費、澳洲機場來回車費。
- 澳洲國內每日交通費。

澳洲7日遊旅費估算範例

天數	內容	費用
第一天	Opal Card澳寶卡(一週無限制搭乘)	$60
	機場到市區交通費	$20
	早、中、晚餐，一餐$20澳幣	$60
第二天	動物園門票	$40
	早、中、晚餐(有名的豬肋排)	$150
第三天	跟當地旅行團去藍山景點	$150
	早、中、晚餐，一餐$20澳幣	$60
第四天	博物館門票	$30
	早、中、晚餐，一餐$20澳幣	$60
第五天	早、中、晚餐，一餐$20澳幣	$60
	買紀念品	$150
第六天	市區到機場交通費	$20
住宿費用	6個晚上	$900
總計		$1,760

＊此預估表不含機票及個人購物消費等費用　　製表／張念萱

行李打包

打包行李前應先查詢澳洲當地的天氣情況。

由於澳洲的日夜溫差很明顯，任何季節前往時，至少要攜帶一件薄外套。自助旅行當然以輕便為主，食物種類一定要少帶，澳洲海關對食物入境的規定相當繁瑣，檢查又嚴格（見P.48），打包行李時要特別注意。

打包技巧

出國旅遊行李打包總是浩大的工程，要在有限的空間中放入一週或更多天份的衣物，令很多旅人傷透腦筋。以下將介紹幾個行李打包的技巧，讓你在收拾行李時能將有限的空間徹底利用。

衣服用捲的，省空間又好整理

將衣服和褲子捲好後放入行李箱，不但省空間還很好辨認，衣服要拿出時不會影響到其他物品的排列。還可以多利用買鞋時附贈的防塵袋，將襪子、內衣褲等統整在一起。

善用市售的旅遊收納袋

現在市面上販售許多旅行用收納袋，針對不同需求有不同的設計。若是要裝液體類的收納袋，建議選用有防水設計的袋子比較安全。

預備一個可折疊的行李袋

建議可以準備一個輕巧、不占空間、可折疊的行李袋預備，回國時若行李箱空間不夠則可拿來使用。另外推薦使用可套入行李拉桿的行李袋，託運行李時較為方便不用另外背。

貼心小提醒

自備輕巧行李秤，不怕行李超重

若是喜愛出國血拼的遊客，建議可自備一個輕巧的行李秤，去機場前就先將行李重量調整好，才不會到櫃檯才發現超重。依航空公司規定和航程不同，行李的超重罰金1公斤可高達台幣約1,000元。

手提行李的液體規則

因安全考量，現在國際航線登機前都會仔細檢查手提行李，除了不可帶危險物品外，旅客最容易忽略的就是液體類物品。依據規定，液體類物品須全部放入長寬各20公分內的透明夾鏈袋，且每罐不可超過容量100ml，每人以1個夾鏈袋為限。

過X光檢查時建議自動先將夾鏈袋從手提行李中拿出，方便海關檢查。（託運行李的液體物品不受以上限制）。

手提行李的粉末規則

2018年6月起，澳洲機場的手提行李安檢，多了一項針對攜帶粉末的限制。粉末分為有機粉末和無機粉末2種。有機粉末不受安檢限制，無機粉末則不可攜帶超過總容量350ml/g。容量會以容器來區別，因此切勿使用超過350ml的容器。

■ **有機粉末**：嬰兒奶粉、咖啡粉、麵粉、糖……等。
■ **無機粉末**：鹽、砂、粉狀清潔品……等。

行李檢查表

製表 / 張念萱

隨身行李(側背包+後背包)：證件、現金、信用卡和相機等貴重物品，必須隨身攜帶。

√	物品	說明
	護照正本和影本	有效期限至少剩6個月，並確認申辦好澳洲簽證，記得影印備份。正本和影印本應分開放好，亦可預留一份給家人，以備不時之需。
	機票	電子機票自行列印好，可多印幾份分開放置，亦可預留一份給家人，以備不時之需。
	國際駕照	要在澳洲自行租車駕駛者必須攜帶，台灣正本駕照也要一併帶著。
	旅遊保險	若有需要者，可在機場出境大廳辦理。
	信用卡	最好攜帶2張信用卡，以防萬一，出發前確認額度是否夠用。建議要將信用卡公司的電話抄下來，遺失時，可立即打電話掛失。
	現金	足夠使用的澳幣以及小額台幣。
	零錢包	購買車票、小東西時，盡量使用零錢，以免累積太多會有過重的情形。
	手機	出發前先確認是否有使用國際漫遊的功能，附加的計算機功能可以拿來作為換算匯率之用。
	相機	出發前，要事先檢查記憶卡、電池的容量是否夠用。
	電池	手機、相機、筆記型電腦、電動刮鬍刀等電子產品的電池。
	旅遊書	個人覺得好用、攜帶方便的旅遊書。
	通訊錄	可寫下在澳洲當地朋友的電話、台灣親友的電話，以備不時之需。

個人備註

託運行李(旅行箱)：100ml以上的液體類，一定要採用託運，不得帶上飛機。

	衣服	依照當時氣候決定，但一定要攜帶至少一件的薄外套，即使夏天也不例外。
	正式服裝	若有計畫去聽場音樂會或前往高級餐廳用餐，女生可準備一套洋裝，男生則要帶一套西裝。
	慣用藥品	感冒藥、止瀉藥、蚊蟲咬傷藥，還有個人慣用的藥品。
	保養用品	澳洲氣候相當乾燥，建議最好攜帶乳液、護唇膏。防曬乳更是不可或缺，澳洲的陽光很火熱，常常有被曬傷的可能性。
	眼鏡及備品	澳洲陽光非常強，建議攜帶太陽眼鏡。戴隱形眼鏡者要記得帶清潔用的藥水，或足夠天數的日拋型隱形眼鏡。
	雨具	摺疊式雨傘、雨衣。
	牙刷 / 牙膏	大部分的飯店都沒有提供牙刷、牙膏，請旅客一定要自行攜帶。
	充電器	手機、相機、筆記型電腦、電動刮鬍刀等電子產品的充電器。
	轉接頭	因為插座規格不同，建議在台灣先買好澳洲規格的轉接插頭；要特別注意電壓問題，應先瞭解是否符合澳洲規格，若不通用則需要攜帶變壓器才可使用。

個人備註

機場篇
Airport

抵達機場後,如何順利入出境?

一切準備妥當後,就出發前往澳洲旅遊囉!從踏出國門辦理登機手續開始,不論是轉機,或直飛雪梨、布里斯本,抵達機場後的所有入出境手續,本單元有詳盡介紹。

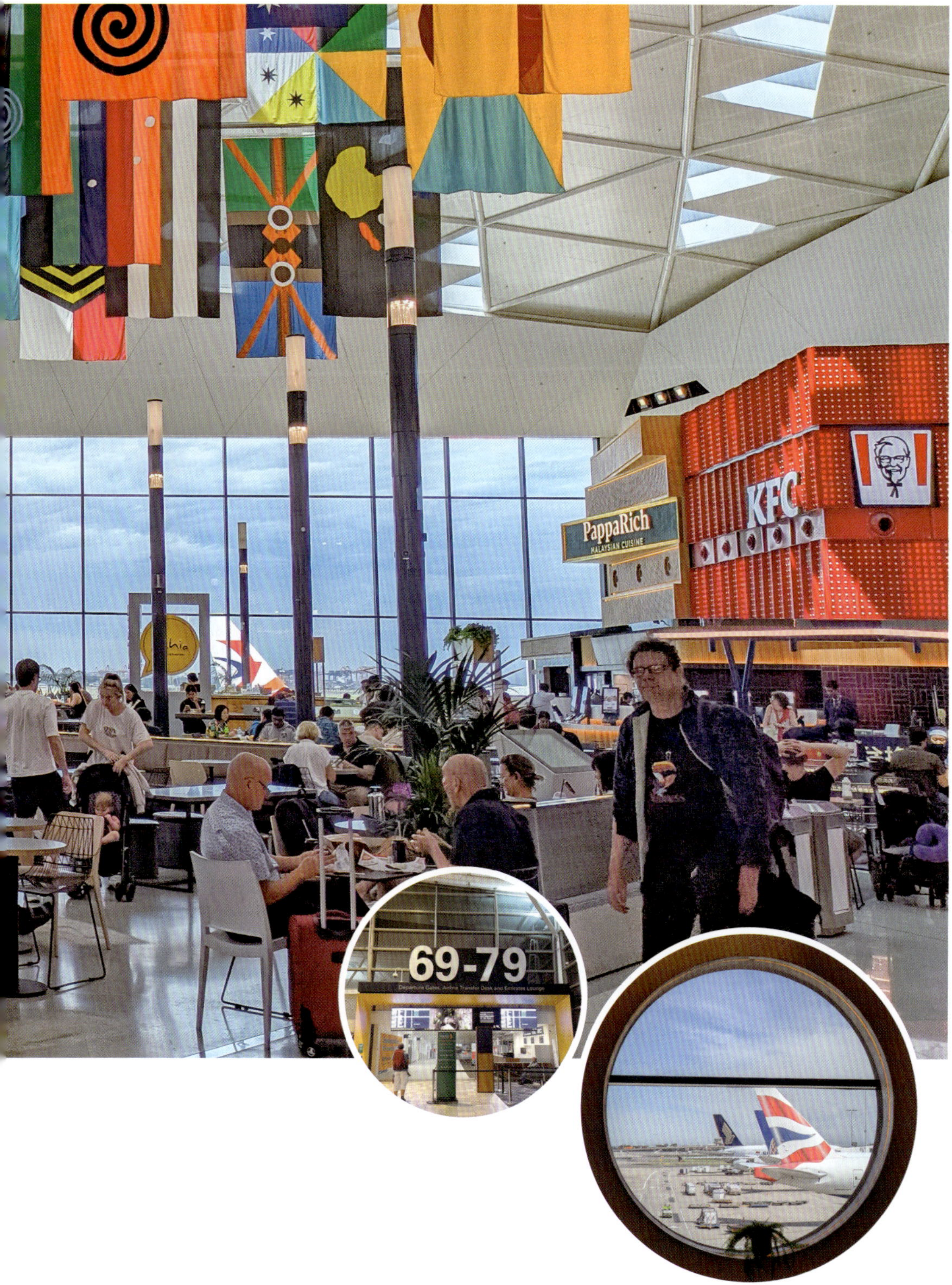
PappaRich
MALAYSIAN CUISINE
KFC
69-79

認識雪梨國際機場

雪梨國際機場(Sydney Airport)又稱為Kingsford Smith International Airport。

雪梨國際機場是全澳洲最大的國際機場，位於機場航廈T1(Terminal 1)，入境和出境均在同一棟航站中，入境在1樓、出境在2樓，只需搭乘手扶梯或電梯即可互通。機場內各處皆有清楚的標示，只要順著標示走即可進行入境與出境手續，機場內商店林立，飲食、購物都很方便，就算第一次前往澳洲的遊客也能輕鬆掌握。若有疑問，可向服務中心詢問。

機場設施服務

郵局服務

郵局位在入境大廳層A31店鋪，提供國、內外的郵寄服務，若行李超重，也可考慮使用，但澳洲郵局對寄回台灣的包裹服務只有航空運送，價格不便宜，所以要掂掂自己的荷包是否可行。

免稅商店

可以到免稅商店選購紀念品，但在澳幣匯兌波動下，有時候某些東西價格有可能比台灣貴，購買之前要精打細算一下。

外幣兌換

「Foreign Exchange」是兌換貨幣的地方，在澳洲，兌換外幣手續費較高，建議出國前先行兌換，但不建議在機場內將澳幣換成台幣，買紀念品或留著作為下一次旅遊使用，會比較划算。

機場美食

- **Hero Sushi**：提供壽司與手捲的外帶店，方便快速且好攜帶，可以嘗看看迎合澳洲人口味而研發的酪梨壽司捲。
- **Lilong里弄**：機場內少數販賣中式料理的餐廳，提供中式麵食、熱炒、餃類以及港式小點，也有啤酒。
- **Campos Coffee**：澳洲著名咖啡店之一。最多人推薦的是Affogato，濃縮咖啡配上冰淇淋，冷熱交織的特殊口感，值得一試。除了咖啡，還有可頌、三明治等輕食小點可選擇。
- **PappaRich**：國際知名的馬來西亞餐廳，以椰漿飯及鬆脆的Roti聞名。
- **Mad Mex**：雪梨知名的墨西哥快餐店，提供墨西哥捲餅、玉米餅等多樣化美食。
- **國際連鎖快餐**：舉凡麥當勞、肯德基、漢堡王（Hungry Jack's）、Subway都有。麥當勞特殊的輸送帶送餐機是許多旅客的打卡景點。

入出境手續

熟記海關申報須知，才能順利入境，開心玩澳洲。

入境澳洲步驟

Step 1 沿著入境標誌前進

下飛機後，沿著指標海關「Customs」前進便可找到查驗證照的櫃檯。

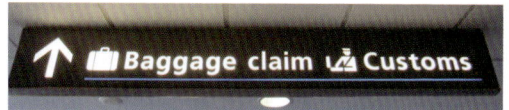

攝影／林于琴

Step 2 查驗證照

到了海關區域，可選擇「Other Passport Holder」櫃檯人工過關，或使用自助通關。

Step 3 提領行李

通過驗證護照的櫃檯後，即可見到電子看板，上面會標明飛機航班與行李轉盤的資訊。

Step 4 海關申報

提領行李的轉盤後方就是海關申報檢驗區，進入檢驗區時會分為兩列不同的隊伍，分別是紅色標示的須申報隊伍，以及綠色標示的無須申報隊伍，請依照申報單填寫的情況排隊。

接下來會有工作人員查驗黃色的入境卡、護照，以及剛才通關時機器印出的過關單。建議從排隊開始就備妥這些資料，以便隨時出示。

請注意 無論是否有需申報的物品，都有可能被要求打開行李進行檢查，但只要誠實申報，毋須過分擔心。

▲ 無申報排隊的告示牌

貼心小提醒

自助通關Smart Gate

年滿16歲以上，持台灣護照可在澳洲機場使用自助通關入境，需與登機時所用的是同一本護照。自助通關機台有支援繁體中文，妥善利用可減少排隊等候的時間。

澳洲海關申報須知 **重要**

澳洲海關非常嚴格，因此入境澳洲之前，應先檢查好自己的行李中是否放了違禁物品。提供「需申報物品」、「禁止入境物品」兩類表格供前往澳洲旅遊者的參考。

需申報物品

入境前會有一張入境申報單，若有需要申報的物品，一定要確實勾選並至海關接受檢查，海關檢查後認為沒問題即可順利入境，只要事先標示好英文成分與名稱通常都不會太刁難。如果海關認為不可入境，則會繳交沒收，並予以銷毀。

需申報入境的物品

類別	說明
食物類	所有煮熟後及未煮過的食材、麵條、米飯、各式香料
	醃製過和曬乾過後的魚類、海鮮類、水果類(例如龍眼乾、荔枝乾)、蔬菜類
	所有的中藥材、補藥類
	茶、咖啡、用牛奶沖調的飲品
	傳統零食(例如花生、瓜子、肉鬆)、餅乾、糕點、糖果(有含任何肉類的餅乾、糕點都是禁止的)
	包裝好的食品(例如飛機上的飲食)
動物產品類	羽毛、骨、角製品及獠牙、羊毛、毛被及毛線和工藝製品(以上都需是乾淨的且無動物組織)
	動物及雀鳥標本(有些標本可能因野生動物保護法例而被禁)
	貝殼(例如珠寶類、紀念品)
	蜂蜜產品(蜜糖、蜂巢、蜂王漿、蜂蠟)
	使用過的動物裝備(例如獸醫用的儀器及藥物、剪羊毛刀、籠子)
植物材料類	木製的手工藝品、雕刻(包括著色及漆塗物品)
	用植物材料製造的人工製品、手工藝品、古董、蓆子、帽子
	含有或填滿種子的物品
	乾燥花及裝飾、新鮮花卉(可由莖繁殖的鮮花都是被禁止的，如玫瑰、康乃馨、菊花)
其他物品類	使用過的運動、露營設備(例如帳篷、自行車、高爾夫球、釣魚設備)
	染上泥土、糞便或植物材料的鞋子

資料來源：www.agriculture.gov.au/travelling/bringing-mailing-goods

貼心小提醒

集中申報物品於一個行李

要申報的東西建議集中在同一個手提行李袋中，海關要求檢驗時可直接打開，並告知所有申報物品已集中在此，不但免去打開整個行李箱的麻煩，也更能減省時間。

垃圾桶的提醒作用

如果你真的不小心帶了違禁物品，到達海關之前你仍然有最後的機會可以放棄，只要投入右圖這個垃圾桶中就可以了。

攝影／林于琴

入境澳洲免稅品攜帶額度

2017年起，凡年滿18歲之乘客，每人可攜帶2.25公升的酒類飲料，以及25克(相當約25支)之任何形式的菸草(紙菸、散葉菸等)，另加1包已開封的香菸。澳洲海關對於酒類、香菸等非常嚴格，切勿抱著僥倖心態闖關，以免留下不良紀錄，以及被罰款高額罰金。

免稅額度相關規定：www.abf.gov.au，點選「Entering and leaving Australia」→「Duty Free」

現金超過$10,000澳幣須申報

若攜帶或攜出$10,000澳幣或等值的外幣實體貨幣，均需要填寫「跨境流動實體貨幣申報表」[Cross-Border Movement - Physical Currency (CBM-PC) form]，旅行支票或其他金融票據不包含在內。

現金申報表英文版：bit.ly/2WitDBr，點選右側「Cross-Border Movement-Physical Currency form」

中文版：以上網頁，點選右側「Translated Forms」→「CBM-PC - Traditional Chinese」

禁止入境物品

不管申報與否，倘若被檢查發現攜帶，下場是一律銷毀，而且會視情況要求當場繳納罰金$444～2,664澳幣，若是嚴重非法的違禁品，可能被取消簽證、直接遣返。

若已申報了全部的物品，即使這些物品不允許被帶入澳洲，也不會受到《澳洲生物安全法》（Biosecurity Act 2015）的處罰，建議如有任何不確定是否可以攜帶的物品，都一率向上申報。

禁止入境澳洲的物品(必看的食物陷阱)

類別	說明
乳製品、蛋及含蛋的產品	所有含蛋的產品(例如含蛋的麵條、有蛋的月餅)
	加工過的蛋(例如鹹蛋、皮蛋)
	所有乳製品(除非來自被列為沒有口蹄疫國家的產品)
	成分含有超過10%的乳製品的未加工及乾的產品(例如三合一咖啡、茶、美祿、奶粉)、有牛奶成份的即食穀物食品
	隨同嬰兒的嬰兒配方及紐西蘭的乳製品可入境
非罐裝的肉類產品	所有動物種類(新鮮、製乾、冷藏、煮熟、煙燻、鹽醃、加工或包裝的皆不可)
	臘腸、肉腸
	用鹽醃的全隻鴨子、鴨肝、鴨腎、鴨腸、牛肉條、牛肉乾、牛肉及豬肉絲，以及各種含豬肉的月餅、含肉的泡麵及烤豬肉
	寵物糧食(包括魚和鳥的飼料)
活的動物	所有哺乳動物
	雀鳥、鳥蛋、雀巢
	魚類、爬蟲動物、蛇、蠍子、兩棲動物類、甲殼類動物、昆蟲
活的植物	所有盆栽、露出根部的植物、竹
	剪枝、根、球根、球莖、根莖、莖部及其他可以繁殖的植物材料及泥土
	芭蕉葉(無論煮熟、製乾、新鮮、冷藏都禁止)
草藥、傳統藥物	鹿角、鹿茸、鹿角精華、鹿鞭(若為來自紐西蘭及標明是紐西蘭產品的鹿製品是許可的)
	燕窩、冬蟲夏草、靈芝
	雪蛤膏、地龍、任何種類的乾製動物屍體、紫河車、蛤蚧乾、鹿筋、甲魚、牛尾
種子、果仁	穀物類食品、未加工的果仁、新鮮花生、松果、鳥食
	水果及蔬菜種子、未經證實種類的種子、一些商業包裝的種子、與非商業包裝種子
	山楂、豆製裝飾品、紅豆、綠豆
新鮮蔬果	所有新鮮及冷凍的水果、蔬菜

資料來源：http://www.agriculture.gov.au/travelling/bringing-mailing-goods

路上觀察：澳洲電視節目 Border Security & Customs 入境實鏡拍攝

若當你入境澳洲機場時，發現有攝影機在海關拍攝請不要驚訝，這並不代表有超級巨星到訪澳洲，而是當地第七頻道(Channel 7)的電視節目「Border Security」和第九頻道(Channel 9)的「Customs」正在錄製例行性的影片。

此類節目主要播放違法個案，如：攜毒闖關、攜帶可疑物品者(例如亞洲人最愛帶的中藥材)、具有前科或入境澳洲動機可疑者。節目除了讓觀眾得以一窺海關最前線的執法情況，也有相當的警惕作用。

提醒旅客： 切記勿攜帶違禁品進入澳洲，不然可能會因此上了電視。

入境申報表填寫範例

入境申報表格一定要填寫，且誠實告知所攜帶的物品，若不填寫，無法入境澳洲。**請注意** 須用藍筆或黑筆，並以英文填寫。如果有任何不確定的物品，一定要進行申報手續，不要因為想省去海關申報檢查行李的動作而因小失大。就算是勾選沒有任何物品需要申報，心裡一定要有所準備，因為海關還是會求打開行李做檢查的。

Ⓐ 姓
Ⓑ 名
Ⓒ 護照號碼
Ⓓ 航班號碼或船號
Ⓔ 停留在澳洲的地址
Ⓕ 是否打算今後的12個月內住在澳洲？
Ⓖ 如果你不是澳洲公民：你是否有結核病？你是否因刑事犯罪而被判過刑？

🄷 聲明：本人在此卡中提供的資料是真實、正確且完整的。本人明白不回答任何一項問題都可能引起嚴重後果。

🄸 請打X回答所有問題。如果不確定，請在「是」的方框打X。你是否攜帶以下物品入境澳洲：

1. 可能被禁或受限制的物品，如藥物、類固醇、非法色情電影及刊物、槍械、武器或違禁藥物？
2. 超過225毫升(ml)的酒類飲品，或25支香菸，或25克(g)的菸草產品？
3. 在海外獲得的物品，或在澳洲購買的免關稅及／或免稅物品，包括禮物，總值超過$900澳幣？
4. 有商業／生意用途的貨物或樣本？
5. 總數等於或超過1萬元的澳幣或等值的外幣？**注意：**如果海關或警方人員查詢，你必須申報任何款額的旅遊支票、支票、匯票或其他值有人轉讓票據。
6. 肉類、家禽、魚類、海產、蛋、乳製品、水果、蔬菜？
7. 穀物、種子、球莖、稻草、果仁、植物、植物的部分、傳統藥物或草藥、木製品？
8. 動物、動物的任何部分、動物產品包括器具、寵物糧食、蛋類、生物製品、樣本、鳥類、魚類、昆蟲、貝殼、蜜蜂製品？
9. 泥土、有黏上泥土或在淡水地區使用的物件，例如運動／娛樂器具、鞋子？

10. 在過去30天內，你曾否接觸過農場、農場的動物、荒野保護區或淡水溪流／湖泊等？
11. 在過去6天，你是否曾在非洲、南美洲、中美洲或加勒比海地區？

🄹 你在澳洲的聯絡資料：電話／email／地址
🄺 你在澳洲的緊急聯絡人(家人或朋友)：姓名／email、電話或地址
🄻 你是在哪個國家搭上這班飛機或船的？
🄼 你的職業？
🄽 你護照上的國籍
🄾 出生年月日
🄿 **一般訪客只需填寫B區**：訪客或暫時入境者：你打算在澳洲停留多久？年數／月數／天數
你居住的國家是？
🅀 你旅行的主要原因(請只在一項中打X記號)：
1.出席會議／2.商業／3.探望朋友或親戚／4.就業／5.教育／6.展覽／7.度假／8.其他

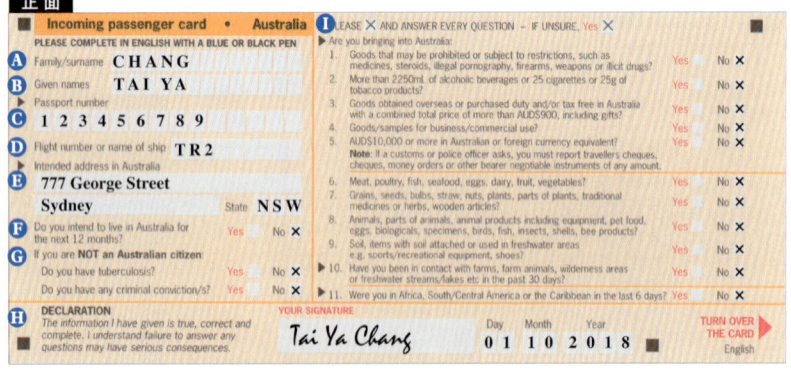

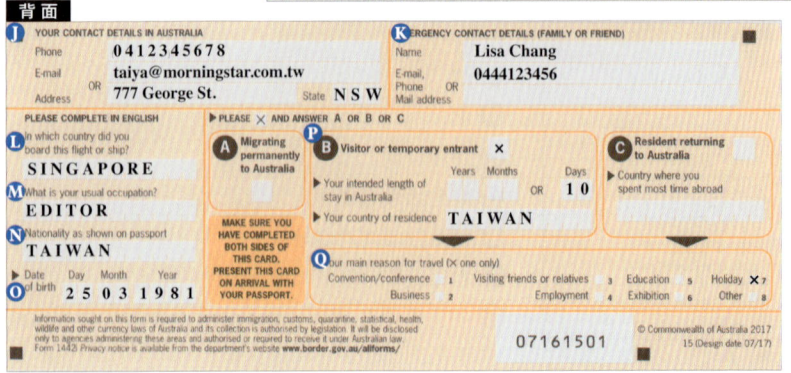

出境澳洲步驟

結束澳洲之旅完成出境手續後，這趟旅程就會劃下完美的句點，但離境時不要忘記辦理退稅。

Step 1 抵達機場離境樓層

若需使用推車，一次費用為$5澳幣。倘若退稅品只能以託運方式離境，可從離境大廳搭手扶梯至樓下入境大廳，先辦理退稅檢查物品程序，再根據退稅方式進行退稅（相關退稅方式請見P.124）。

Step 2 確認航空公司櫃檯

出境大廳有多個電子看板，可供查詢各航班的報到櫃檯位置，可多加利用。

Step 3 辦理報到手續

備妥護照及列印下來的電子機票，至航空公司櫃檯進行報到手續，並領取登機證和辦理託運行李作業。

Step 4 進入離境海關

進入海關後，首先會通過行李安檢。雪梨機場使用新型安檢機，無須將電腦或平板拿出，所有物品皆可放置在行李箱或後背包中。通過行李檢查後，依照指示排隊使用自動通關機器（有芯片的護照皆可使用，不限國籍）。

Step 5 前往登機門候機

根據機票上的登機門資訊前往，只要沿著告示牌走很容易找到。

貼心小提醒

離境前要辦理退稅

辦理退稅的旅客不要忘記去TRS退稅中心辦理（見P.125）。

從機場前往市區

機場到市區都有接駁交通可搭，迅速又方便。

雪梨

從雪梨國際機場前往雪梨市區最普遍的交通工具有3種，其中以火車搭乘的人數最多。

搭乘火車機場快線

www.airportlink.com.au（有簡體中文頁面）

火車機場快線（Airport Link）是到雪梨市區相當方便及快速的交通工具，乘車地方也很好找，出海關後沿指標（Trains）往地下樓層走，即可抵達搭車處。市區的下車點通常為中央車站（Central Station）、市政廳（Town Hall）。

付費方式

- **信用卡**：Visa／Master／美國運通，或綁定的Apple Pay、Google Pay。
- **澳寶卡(Opal Card)**：成人票價離峰時期為$20.28澳幣、尖峰時期為$21.54澳幣；孩童（4～16歲）票價離峰時期為$16.97澳幣、尖峰時期為$17.6澳幣，火車票價時而調漲，出發前請查詢雪梨火車官方公布的票價。

貼心小提醒

國際、國內航廈不同棟

若要從雪梨國際機場轉乘國內航線前往其他城市，要特別注意「雪梨國際機場」與「雪梨國內機場」是兩個不同的地方，可搭乘火車並購買兩航廈通行券，單程票價為$8.60澳幣，5分鐘內可抵達。兩個機場航廈的地下層皆為火車站，可直接抵達雪梨市區。

從市區前往機場

方式和機場到市區的情形差不多，只是順序顛倒而已。雪梨的國際線機場只有一個，位於第一航廈T1(Terminal 1)，有火車、計程車以及公車3種方式，可以到達航站。

搭計程車

車資約$45～55澳幣，若有2位以上遊客，可以考慮共乘，平均分攤後甚至會比搭火車還要便宜，而且省了自己提行李的麻煩。

跟著指標走

攝影／林于琴

53 Traveling **So Easy!** in Australia

機場篇

貼心 小提醒

機場搭Uber專屬區域

近期因搭乘Uber人數增多，以往雪梨國內機場的T3澳航航廈，Uber的上車地點是在T2與T3中間的接送區，現在已改為直接在T3出口就有一個Uber的專屬區域，與過去相比方便許多。

若有購買回程票，請記得將票根收好，回程上車時須出示票根。

約30分鐘一班車，往來機場與市區非常方便，例如往市區的南十字星車站(Southern Cross Station)，車程僅約20分鐘即達，下車後還有小型接駁巴士接送旅客至合作的旅館。而且車上設有大件行李的置物架，行李可以直接拿上車。

SkyBus旅館接駁查詢
http www.skybus.com.au

搭公車

要到雪梨市中心的公車只有400號路線可以搭乘，但沒有經過市區中最主要的道路，上下車也不會有站名的提醒，提著大件行李箱上下公車也不是很方便，雖然公車票價較為便宜，建議對雪梨路況不甚熟悉的遊客，還是不要選擇公車。

布里斯本

從布里斯本機場(Brisbane Airport)出海關後即可在航站內看見「Airtrain」指標，可直接在櫃檯購買，或順著指標一路走到火車站再購買車票。路線有2條：城市及郊區(City&Suburbs)、黃金海岸(Gold Coast)。車站的位置很明顯，非常好找，從機場至市區中央車站(Central Station)只需20分鐘，對第一次來到布里斯本的遊客來說，是很容易搭乘的路線。

機場線鐵路網站
http airtrain.com.au

墨爾本

在墨爾本國際機場(Melbourne Airport，也稱作Tullamarine Airport)的入境大廳外，設有SkyBus快線巴士的紅色售票亭，單程票價$23.9澳幣，來回$40澳幣(用手機APP購票，時有優惠)。

▲ 南十字星車站內的告示牌

機場快速巴士

▲ 布里斯本中央車站

貼心 小提醒

前往黃金海岸

雖然台灣目前沒有直飛黃金海岸的航班，但從布里斯本機場前往，可以搭乘火車機場線或巴士，單程約兩個多小時。

交通篇
Transportation

澳洲境內旅遊，該用什麼交通工具？

澳洲國土遼闊，一般可搭乘長程巴士、火車、飛機等交通工具旅遊，特別是飛機航線很密集，可多加利用。在雪梨、墨爾本、布里斯本市區內，還有黃金海岸，則可利用當地的鐵路、巴士、電車進行旅遊。

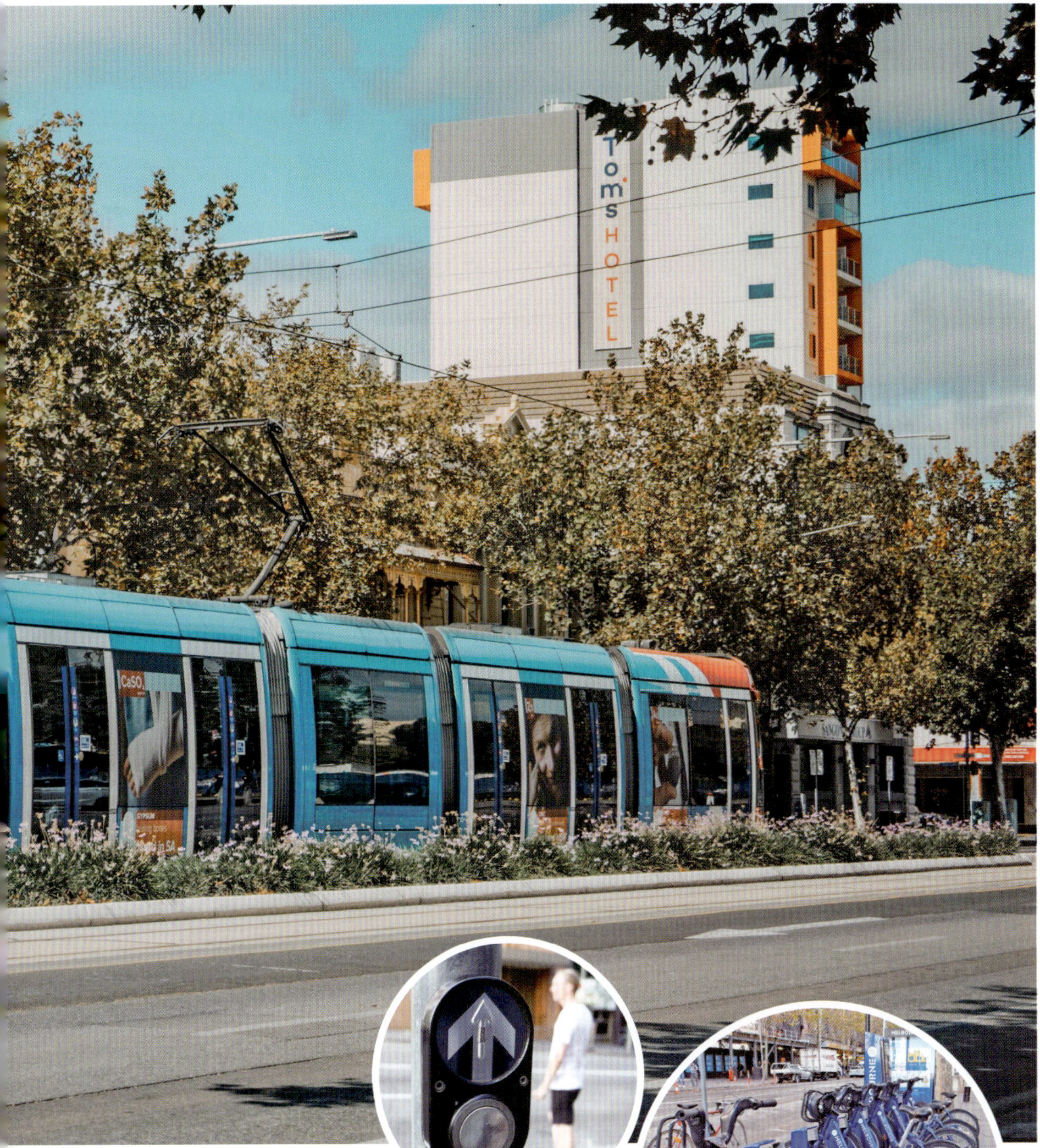
Toms
HOTEL

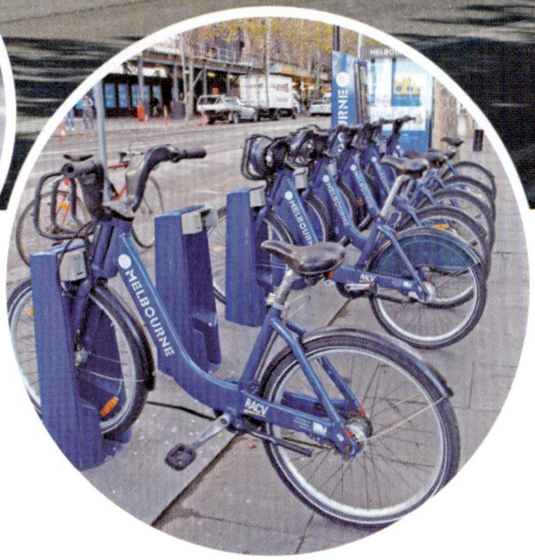
MELBOURNE

澳洲境內大眾運輸

廉航機票有時候會比火車票便宜好幾倍。

澳洲境內國土遼闊，倘若要在不同州、城市旅行，可以選擇長程巴士、火車、飛機等大眾運輸系統。在澳洲，廉價航空盛行，機票價格反而會比火車票便宜好幾倍，只要知道各家航空公司優惠時段，就算是預算不多的背包客，也可以輕鬆搭飛機玩遍澳洲。

搭飛機

澳洲航空

澳洲航空(Qantas)除了提供長途航線，在澳洲境內還有多達50個航空站以上的國內航程可供選擇，機上提供餐點及空中娛樂系統的服務。
http www.qantas.com.au

廉價航空

廉價航空之所以廉價，是因為機上只有少數幾個空服員，所有的餐點都要另外付費，連座位前面的小電視也必須刷卡才可收看，行李託運也要另外支付。除了所搭的航程之外，大部分服務或商品都要額外付費，所以才能把票價壓低。

廉價航空的服務沒有一般航空完備，但價格實惠，對想省錢的旅客而言，是一大福音。飛機

捷星及澳洲維京航空國內線

航空公司	特色	特價時段
Jetstar Airways 捷星航空 http www.jetstar.com/au/en/index.aspx	澳洲境內有20個航空站，主要大城市的航班相當多，一天有多個時段可供選擇。從澳洲往返紐西蘭的班次很密集，又相當便宜，前往東南亞、日本的航線也常有特價。	週五是大特價時段，只要看到「Friday Fare Frenzy！」的廣告詞就知道特價開始。每週五12:00～20:00。
Virgin Australia 澳洲維京航空 http www.virginblue.com.au	澳洲境內有44個航空站，主要大城市的航班相當多，一天有多個時段可供選擇；從澳洲往返紐西蘭、南太平洋群島的班次很密集，比較特別的是還有飛往英國、美國的航班可選擇。	每週四16:00～23:00(以澳洲東岸時間為準，時差計算方式請看P.18)為減價時段，只要上維京航空的網站上看到「Happy Hour」廣告詞，就有機票減價活動，約有3、4條指定航線會特價，但票價有「出發日期、時間」的限制，需要特別注意。配合不同的節日，也會推出不同的特價方案，想買到便宜機票，建議經常上網頁瀏覽。

＊以上資料時有異動，以航空公司最新公告為主。

上不供餐,也不供飲水,但旅客可自行攜帶食物上飛機。在澳洲境內搭乘國內航線,由於航程較短,就算沒有空中服務也不至於不方便。而行李託運的額外費用並不貴,以捷星航空為例,託運20公斤只要額外多付$10澳幣,很划算。

澳洲的廉價航空並不會因為票價便宜就降落在特別偏遠的機場,但買票前仍應再三確認抵達的機場名稱,避免搭錯飛機。

行家祕技 廉價航空購票撇步

有時候購買單程機票反而比較便宜

台灣旅客購買機票的習慣常是來回票一起買,但廉價航空的來回票不會比較便宜,因為是分段購買,而且會依照出發的時間調整票價(週末、白天時段會較貴),所以打破了以往購買機票一定要買來回票才划算的想法。記住!有時候在澳洲購買單程機票反而比較便宜。

不能任意改日期、退換機票

廉價航空的優惠票價,通常也會附帶許多規則及條件,像無法改日期、時間,若要更改,需要付上一筆手續費,甚至比你重買一張機票還要貴,因此想要購買廉價航空機票的旅客,一定要事前做好行程規畫,不要因為特價時段而衝動購買,買錯的話,可是很不划算的。

可分時段購買不同航空公司的機票

在澳洲,國內航班非常多,選擇性也高,所以經過多方比較後,不但可以買到經濟實惠的票價,還可以選擇去程時搭A航空,回程改搭B航空,節省更多的旅遊時間。

可能有額外費用會預先設定

在網上購買機票,若結帳頁面發現總額比票價高出$3~10澳幣,先不要著急,仔細檢查一下是否是航空公司多加了幾項「額外」費用,像保險、節能減碳捐錢活動,航空公司一般會先行勾選,總款項就會超出,只要將已勾選的項目取消,就不用額外支付了。由於每家航空公司的設定不同,要在付款(Payment)頁面上多加留意,並詳細閱讀規則及款項明細。

廉價航空與一般航空票價及各項服務比較表

航空公司	一般航空	廉價航空
票價	較高,通常來回票比單程票划算	較低,建議分段購買,單程票價可能更划算
買票方式	可透過旅行社、網路購買	只能自行上網購買
航站選擇	較多,遍布澳洲各地	較少,但主要大城市的航班密集
隨身行李	可攜帶上機的行李約7公斤,需視各航空規定	可攜帶上機約7~10公斤,需視各航空規定
託運行李	免費託運20公斤,需視各航空規定	託運行李需自費,在買機票時就要選擇可託運行李的機票:20公斤約$10澳幣,視各航空規定
餐點	有提供餐點	無餐點提供,可在飛機上購買,大多為三明治、餅乾,但也可自行攜帶食物上飛機食用,部分航空不允許在機內食用外食
空中娛樂	有提供空中娛樂,如:電影、音樂	無空中娛樂,就算機上每人配有電視,但仍須刷卡才可收看

*以上資料時有異動,以航空公司最新公告為主。

國內線機場

澳洲各州都有屬於該州的國內線機場，甚至還有2、3個之多，所以訂票時，應特別注意所要前往的目的地。下表是旅客很容易混淆的國內機場，到澳洲旅遊的自助旅行者需特別費心。

雪梨國內機場
Sydney Domestic Airport

雪梨的國內線機場有兩個航廈，分別位於第二航廈T2（Terminal Two）、第三航廈T3（Terminal Three，又稱Qantas Terminal）。第三航廈是澳航的專屬航廈，只有飛澳航的航班，其他航空公司只有從第二航廈飛。雪梨國內機場有3種方式可以到達航站。

- **公車**：只有搭乘公車400路線可以到達，但該路線並沒有經過市區最主要的道路，上下車也不會有站名的提醒，建議對雪梨路況不熟悉的遊客，不要輕易選擇公車。
- **計程車**：從市區出發到機場的車資約$35～50澳幣，2位以上遊客可以考慮共乘，平均分攤後，甚至會比搭火車還要便宜。上車時，只要告知前往國內機場（Domestic Airport）及航空公司名稱即可。
- **火車**：從中央車站（Central Station）到國內機場（Domestic Airport）的單程票是$19.53澳幣，約10～15分鐘即可抵達，出站後即為國內線航廈（雪梨國際機場與國內機場航廈的距離只有一站，兩航廈的通行券單程票價為$7.79澳幣）。但火車票價時有調漲，需以雪梨火車官方公布票價為主。

行家祕技　在澳洲開車請注意！

- 台灣與澳洲道路規則左右相反，要馬上習慣有一定難度，甚至轉彎時不小心還會開到對向車道，不熟悉者最好不要開車。
- 雖然基本交通號誌全球大同小異，但出發前仍先做足功課，不要上路之後才發現看不懂沿路號誌，就太遲了。
- 澳洲保有良好的自然生態，離開城市路段，常會遇見野生動物行走公路的情況，要特別注意，即使在沒有車輛的鄉間道路上行駛，仍應小心謹慎。
- 夜間開車視線不佳，若加上路況不熟悉會十分危險，不要為了趕行程而連夜開車。

為因應眾多觀光客需求，澳洲推出了許多便捷的大眾運輸交通路線，除非必要，不建議租車旅行。

很容易被旅客混淆的國內機場

州	地區	特色
昆士蘭州 Queensland	凱恩斯(Cairns)	若欲前往「大堡礁」旅遊勝地，需搭飛機至此航空站。
	黃金海岸(Gold Coast)	離世界聞名的衝浪天堂黃金海岸最近的機場，但機場距離海灘仍需約30分鐘車程。
	布里斯本(Brisbane)	可從航空站直接搭火車進入布里斯本市中心，約20分鐘。
維多利亞州 Victoria	墨爾本Avalon機場 (Melbourne Avalon)	距離墨爾本市中心較遠，從機場到市區需45分鐘。目前只有Jet-star航線在使用。
	墨爾本Tullamarine機場 (Melbourne Tullamarine)	距離墨爾本市中心較近，從機場到市區約20分鐘車程，建議選擇此機場為目的地。

搭長程巴士

要搭乘長程巴士在澳洲境內旅行，需要特別注意旅遊時間的長短及交通費用的預算。澳洲境內國土廣大，跨州長程巴士的費用並不便宜，站與站相距的車程約在4～6小時，不建議短期旅遊者搭乘長程巴士旅遊觀光。

目前澳洲最大的長程巴士公司為灰狗巴士（Grey-hound），在全國有多達1,100個停車站，除了提供長途的巴士以外，也陸續推出一日遊活動及機場與市區之間的接駁服務，出發前可至網站上查詢最新活動。

照片提供 / Greyhound Australia

行家祕技　國際學生證可搭乘灰狗巴士

國際學生證可購買灰狗巴士的學生車票，購買時不要忘記出示證明。

澳洲灰狗巴士網站
http www.greyhound.com.au

貼心小提醒
麻煩司機提醒你下車

許多長程巴士中途會停靠好幾站，像從雪梨搭長程巴士至墨爾本，中途可能會停靠坎培拉，建議上車時，務請司機提醒你下車，以免睡過頭或是不清楚路況搭過頭了。

搭火車

火車和長途巴士一樣，必須考慮旅遊時間的長短及交通費用的預算。主要國內鐵路有2種，一是大南方火車公司（Great Southern Rail），一種是國聯火車（Country Link）。大南方火車擁有4條路線：Indian Pacific（行經雪梨－阿德雷得－伯斯）、The Ghan（行經阿德雷得－愛莉斯泉－達爾文）、The Overland（行經墨爾本－阿德雷得）、The Southern Spirit（行經布里斯本－雪梨－墨爾本－阿德雷得－愛莉斯泉），是想要在澳洲中部、北部進行深度旅遊的遊客最喜愛搭乘的交通工具；國聯則是行經澳洲東部各地。

搭乘火車需先行購票，可到火車站窗口預購或在網上購買，出示國際學生證可享學生票價優惠。某些火車路線相當熱門，需在出發前1、2個月訂購，想搭乘火車一覽澳洲風光的遊客，建議早點規畫好行程，才不會買不到車票。

在雪梨搭乘國內鐵路

在雪梨搭乘國內長程鐵路，皆會由中央車站（Central Station）上、下車，只要尋找告示板上寫著Countrylink（國聯）和Interstate（州際）關鍵字，再順著走即可找到。發車的月台皆是在路面上的月台，而不是在地下的室內月台。

國聯火車售票處　　國家與州際鐵路

▲ 售票與乘車處的告示牌

雪梨交通運輸

雪梨大眾交通運輸完善，善加利用各路線，便可輕鬆玩遍所有景點。

雪梨市中心道路乾淨好走，設計也淺顯易懂，完全不必擔心迷路的問題，還可省下不少車錢。想要了解雪梨市區的公車、鐵路、渡輪路線圖及時間表，可查詢新南威爾斯官方交通網站(Transport for NSW)，有最新的票價和資訊，讓旅客在出發前就能得到第一手的消息。

http www.transportnsw.info

澳寶卡 Opal Card

雪梨的大眾運輸交通已全面使用澳寶卡支付，紙卡票券只剩下單程票仍在發行。澳寶卡不但可以一卡到底，將繁雜的票券種類整合為一，而且還提供了優惠的價格。

http www.opal.com.au

使用方式

週一～四單日扣款上限為$16.8，週五～日單日扣款上限為$9.35，一週扣款上限為$50澳幣，扣款額度超過後不再扣款。

購買方法

澳寶卡分成記名與不記名2種。記名多為當地人使用，需先在澳寶卡網站上註冊，並提供信用卡資料，未來可自動加值。觀光客一般多使用不記名澳寶卡，可直接在街上的書報攤、便利商店購買。澳寶卡本身不用錢，但購買時至少要加值$10澳幣。

餘額查詢

上下車或出入車站刷卡時，機器都會顯示餘額；在澳寶卡網站與銷售處也可查詢。

如何儲值

你可以選擇去便利商店用現金加值，或直接在車站的加值機使用信用卡加值。由於澳寶卡餘額退費的程序很麻煩(需有澳洲銀行帳號且手續繁雜)，建議每次只儲值需用的金額，以免卡內金額沒有用完造成浪費。

▲店外有掛儲值標誌的便利商店，可拿取免費澳寶卡，每張啟用時需加值至少$10澳幣

澳寶卡加值步驟 Step by Step

Step 1 插入澳寶卡

將澳寶卡插入機台，然後點選「Top Up your Opal Card」。

Step 2 輸入加值金額

選擇欲加值的金額，或選擇「Other amount」，可以自行輸入指定金額。

Step 3 選澤付款方式

可接受現金和刷卡。使用現金請點選「Pay with cash」，並把鈔票及硬幣投入機台；要刷卡則將卡片放至下方感應處，或是將卡片插入機台並輸入PIN碼，即可成功購票。

▲現金付款請點此

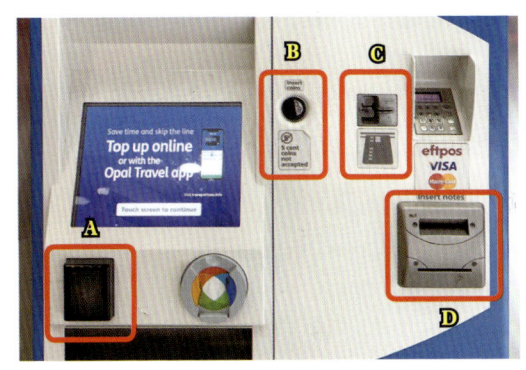

A.刷卡感應處 / B.零錢投幣處 / C.在此插入信用卡 / D.在此放入鈔票

行家祕技　離峰時間搭乘火車享7折優惠

使用澳寶卡搭乘火車，平日避開06:30～10:00和15:00～19:00這兩個時段，可享7折優惠。假日及週六也屬離峰時段，若要前往郊區觀光，可以選在假日。機場至市區的車資不列入各種優惠計畫內。優惠活動時有調整，建議出發前先上官網查詢最新訊息。

貼心小提醒

可用感應式信用卡搭車

現在也可直接使用Visa、Mastercard、美國運通的信用卡搭乘雪梨的大眾交通工具，只要卡片有感應功能即可，手機如果有綁定Apple Pay或Google Pay，也可使用手機付款，票價與澳寶卡成人票價相同。

請注意 一張卡只能付一個人的車票；使用海外信用卡會被收取國外交易手續費。

搭火車

在雪梨市區及近郊地區,有火車路線可供選擇,對初到雪梨的觀光客,搭乘火車旅遊非常簡單,可以輕鬆上手。

在火車站的售票機購票

每一個火車站內均有設置售票機,簡單幾個步驟就能夠輕鬆買到車票,需注意單程票與來回票的金額差距甚大,買票之前,要先計畫好行程,避免浪費交通費用。

在火車站的售票亭購票

若有路線不清楚及優惠票券,可至售票窗口與售票員直接詢問與購買。任何有關火車路線、時間、票價問題都可以詢問車站內諮詢處,也可以索取火車時刻表。

在書報攤購票

市區的書報攤多有販售可使用加值功能的澳寶卡。單程車票則需在車站售票亭或使用售票機購買。

▲ 中央車站候車月台

▲ 車站內的售票亭　　▲ 車站內諮詢處

看懂當日來回火車票

出發車站　抵達車站
票種　購票日期與時間　票價
至購買日期的隔日早上04:00止皆可使用

火車票種介紹

票種	票價	特色
單次澳寶卡 Opal Single Ticket	價格依照距離調整 0～10km為$5澳幣	適合整趟旅途中不大使用大眾運輸,或臨時忘記帶澳寶卡在身上的旅客。
澳寶卡 Opal Card	價格依照距離調整 0～10km為$4.2澳幣(離峰時間另有優惠)	節省每次買票的時間、票價最為優惠,是在雪梨暢行無阻的最佳選擇。

1.單程、來回票價計算:雪梨鐵路網站www.cityrail.info上面即有票價試算系統,可直接點選出發車站與目的地,馬上就算出票價。
2.自助旅行者使用大眾運輸機會多,建議購買澳寶卡,可省下一小筆交通費。
3.持國際學生證無法享有學生票價優待,唯有同時持有新南威爾斯州學生證和澳洲居留權、公民者可使用學生優惠,若無法出示此證明卻使用了學生票,會被處以罰金。
4.票價時有調漲,依最新公告為準。

售票機購票步驟 Step by Step

Step 1 找到售票機

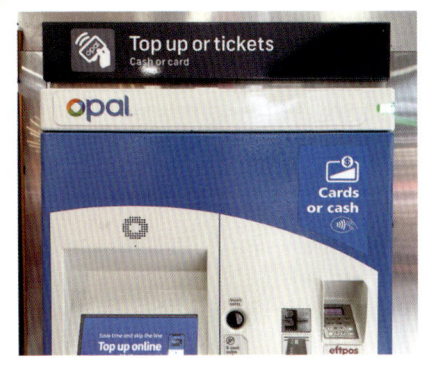

Step 2 點選目的地
可直接點選欲到達的目的地，或使用螢幕上的鍵盤輸入名稱。

Step 3 選擇票種
Adult為成人票，Child為孩童票，依照所需票種選取欲購買的張數，選好後點選綠色按鈕「pay now」。

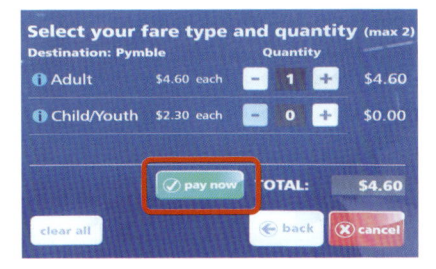

Step 4 選澤付款方式
可接受現金和刷卡。使用現金請點選「Pay with cash」，並把鈔票及硬幣投入機台；要刷卡則將卡片放至下方感應處，或是將卡片插入機台並輸入PIN碼，即可購票。

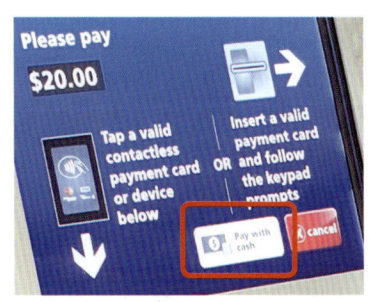

▲現金付款請點此

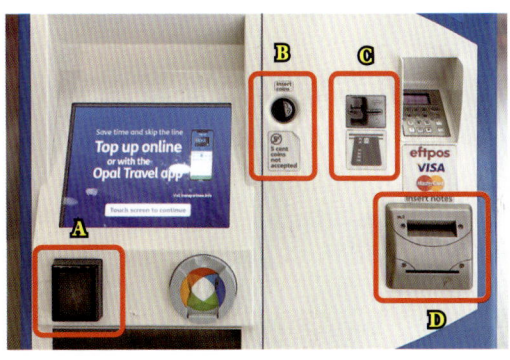

A.刷卡感應處 / B.零錢投幣處 / C.在此插入信用卡 / D.在此放入鈔票

Step 5 取出車票、搭車
從下方的取票口取出，感應車票即可進入車站搭車。

搭火車步驟 Step by Step

Step 1 找到火車站

尋找橘底白色T的圓形LOGO，入口處都有標示該站的站名。

❷ 列車種類有快車（Limited Stops）與普通車2種，快車並不會每一站都停，所以要先確認好列車行經的車站，才不會搭錯車。普通車則不會特別標示列車種類，建議不熟悉的旅客可選擇搭乘。

A.現在時間
B.火車路線
C.停靠車站
D.列車種類
E.停靠月台
F.即將到站時間
G.下一班列車資訊

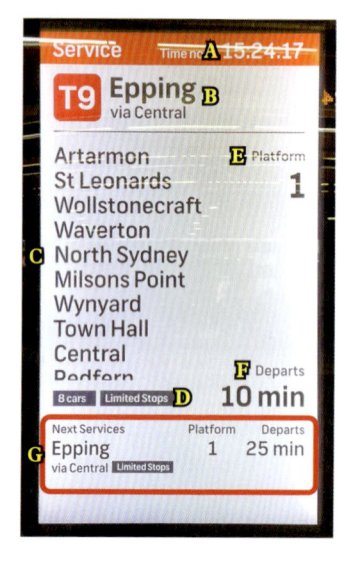

Step 2 查看時間表、搭車月台

火車運作狀況告示板，會有火車線路是否延遲、停開等訊息。

❶ 找到月台及時間告示板後，要先行確認下方沿線鐵路地圖是否會到達旅遊目的地。有些火車線路會有分岔成兩條線的狀況，需要特別注意終點站的告示，或轉車點資訊。

A.火車進站時間、月台查詢
B.行經車站路線圖

❸ 順著車站內告示牌，即可找到乘車月台。到達月台後，可再確認一次每個月台的電子看板，查詢下一班列車的資訊。

▲ 車站內月台告示牌

▲ 月台的電子看板

Step 3 購買車票

購買車票的方法，請詳見P.63。

Step 4 入／出車站閘口

無論使用單程票、澳寶卡，或是信用卡感應式付費，進出車站都需要刷卡。

▲ 澳寶卡與單程票兼用的閘口，有些小站未設閘口，但會設置刷卡機（如右圖），需自行在上下車時過卡，否則若被查票，會以逃票處以高額罰金

Step 5 尋找出口

跟著Way out的指示即可找到出口，某些大型火車站會有許多不同的出口，通往各個主要的道路，所以要看清楚出口方向與要前往的街道後，再行出站。

行家祕技　車廂、車站內注意事項

車廂

出入層的座位較少，甚至沒有座位設計；上下層則皆為乘客座椅。為配合乘客搭乘舒適，車廂內的座椅設計可以改變方向。

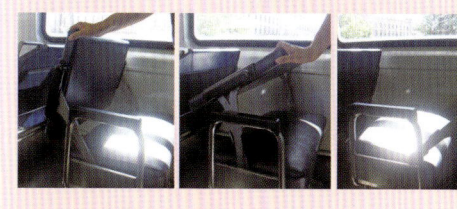

務必遵守車站的規定

車站和車廂內都貼有注意事項。包括禁止亂丟垃圾、腳跨踩在座椅上，不可喝酒、吸菸、引火、騎腳踏車，以及使用滑板。特別提醒，乘客要使用正確的車票，並且千萬不要逃票或故意買錯車票。若被查票員查到使用金額不足的車票或無票搭乘，會處以罰金。車站內24小時均有攝影監視器，一舉一動皆有可能被記錄下來。

夜間搭火車選Nights Area候車

夜間9點以後火車站人潮較少，喝醉酒的旅客不在少數，等待搭車期間需多加注意周遭情況。夜間乘車建議選擇月台標示有「Nightsafe Area」，通常為列車的中段，可依地上指示上車，該月台有攝影監視器及緊急求助話筒，有緊急狀況時可隨時通知。

搭捷運

雪梨近年開通了新的無人駕駛捷運線（Sydney Metro），在第一節車廂可觀看列車行駛。車廂內的開放式空間設計，也提升了乘坐與移動的流暢度。每站皆有裝置閘門以增加安全性。速度比火車更快，購票方式及票價皆與火車相同，班次尖峰時間每4分鐘一班，不太需要像火車跟公車一樣隨時注意時刻表。離峰時間是10分鐘一班，其他白天時間則是5分鐘一班。

▲ 捷運站的轉角入口，有清楚的T(火車)與M(捷運)雙系統交會的標誌

▲ 月台上都有加裝玻璃門，相比傳統火車月台更安全

▲ 運車廂內部

路上觀察 捷運特色站點

市區的捷運站更是每一站都有不同的設計風格可以欣賞，例如馬丁廣場站(Martin Place)的地下1樓就是一個配有燈光及音效的特色人行隧道，適合拍照或是坐在隧道內的長椅上，靜靜聆聽、欣賞澳洲原住民的音樂。加迪卡爾站(Gadigal)整體空間明亮，強調流線型牆面設計，非常現代化。

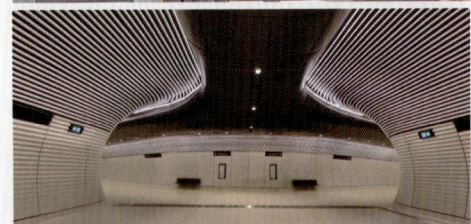

1.馬丁廣場站現代感十足的車站建築入口 / 2.迪卡爾站的分岔通道區域，流線型設計強化整體空間感 / 3.明亮的黃色牆面，搭配拱形馬賽克裝置藝術，是加迪卡爾站的視覺亮點 / 4,5.馬丁廣場站內部的隧道，以藍色、橘紅色燈光打亮水泥牆，營造未來感

搭公車

在雪梨旅遊，搭乘公車比火車更能深入到各個區域，也可省去下火車後步行的瑣碎時間。建議事先就規畫好行程，估算交通費用，妥善結合步行和公車，就不容易發生多花車錢的情況。

公車交會站

在雪梨搭公車，首先認識的重要詞彙就是公車交會站（Railway Square），這是位於雪梨火車站旁一個非常重要的站點，許多公車都行經此站，公車站旁也設有諮詢處，可以詢問公車路線與購買車票。此處已不只是公車站，也是雪梨市中心的重要地標。

行家秘技：站點分區停靠

在市區有許多大型公車站，如馬丁廣場站就是其中之一，由於有停靠該站的路線眾多，因此會按照字母分成幾個不同區域的上車點，這些上車點甚至可能位於不同條街上。如果打算從大型公車站搭車，一定要事先看好你的路線的上車點是在哪個區域，以免等不到要搭的車。

▲馬丁廣場站H上車點　▲馬丁廣場站E上車點

公車票種介紹

票種	票價（澳幣）	特色
澳寶卡 Opal Card	依距離遠近分為3種票價： 0～3公里／$3.2 3～8公里／$4.36 8公里以上／$5.6	除了方便之外，還可享有優惠的乘車價格，適合自助旅行的旅客使用。

1. 雪梨市區交通已用澳寶卡整合，只要一卡在手就可以暢行無阻，且享有多種優惠。若真的需要購買單次澳寶卡公車票券，需先將目的地清楚告知司機，以免買到票價不合的票券。
2. 若於市區搭乘需特別注意：在市區搭乘巴士多需先準備好車票，若搭乘到Pre-Pay Only公車卻沒車票，可是會被趕下車的。

搭公車步驟 Step by Step

Step 1 找到公車站

在街上看見黃色公車的標誌，這是等候公車的站牌，公車不會每站都停，需要招手才會停靠。

Step 2 查看時間表

雪梨市區公車時間表很容易看得懂，但要注意的是，經常延誤5～10分鐘是常有的事，建議出門時間不要太趕，保留寬裕的時間，才不會因等不到公車而耽誤行程。

Step 3 上車，刷Opal Card

上車一定要從前門，下車則前後門皆可。下車可等到公車停穩之後再起身，不需提前走到門邊，以免行進間發生危險。

Step 4 刷Opal Card，下車

公車快到站時，要按Stop鈕，車廂最前方藍色的「Bus Stopping」字樣便會亮起來。雪梨公車上並沒有語音或跑馬燈告知站名的服務，對初次到雪梨旅遊的旅客較為不方便，但上車時，可以請司機到站時給予提醒。

請注意 前後門均有設置刷卡機，上下車均需要刷卡。

貼心 小提醒

紅色為博愛座，藍色為一般座位

公車內部座椅有紅色及藍色之分，紅色為博愛座，藍色為一般座位。博愛座有為行動不便及推娃娃車的旅客做貼心設計，可將座位掀起後放置推車或輪椅，下車鈴也在座位底下，很容易觸及。

車廂內不可吸菸及飲食

盡量不要攜帶食物或飲料上車，有些司機看見乘客手上有食物，即使旅客不會在公車上吃，仍有被拒載的可能性。

A.站名 / B.週一～五時刻表 / C.停靠公車路線 / D.發車時間 / E.到站時間 / F.行經公車路線 / G.週六時刻表

路上觀察　雪梨的用路權

在雪梨，相當尊重每一位民眾的用路權，不論是騎腳踏車、走路，都會非常安全。

1 腳踏車

若在市區外旅遊，可以考慮以腳踏車代步，市區內因交通繁忙、車輛眾多，並不建議。需特別注意的是，許多街道為上坡，騎乘不易，應衡量個人體力後再選定是否以腳踏車旅行。

路邊鐵圈為鎖腳踏車的設置

2 步行

澳洲的駕駛非常尊重路人，因此在澳洲步行是很輕鬆的，只需記住澳洲人習慣靠左，不管是走路或搭手扶梯的時候皆需留意。雪梨市區的街道規畫簡單明瞭，非常適合遊客靠步行瞭解這個城市，路邊常設有城市地圖(City Map)可供參考。

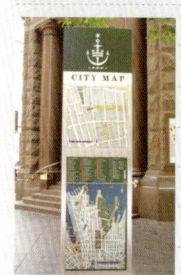

3 路人優先

澳洲許多路口沒有設置紅綠燈，只有「路人優先標誌」和「斑馬線」，路人可直接通過，車輛都會停下來讓路人先走，但仍須小心確認車輛是否減速再通過。

路人優先標誌

4 紅綠燈使用方式

有些路口若不先按綠燈啟用鈕，則會一直保持在紅燈，所以要過馬路時記得按一下綠燈啟用鈕，不然就站在那邊白等了。雪梨的行人紅綠燈有3種狀態：紅燈、紅燈閃爍、綠燈，紅燈閃爍並不是不能行走，而是提醒你走快一點而已。

綠燈啟用鈕

5 停車

觀光，還是大眾交通工具或步行才划算。路邊付費停車時需注意告示牌上的資訊，1P表示只能停1小時就必須移車，2P就是2小時。若超時沒有移車，會被開罰單。

路邊停車的告示牌 　路邊停車付款機

6 圓環設置小提醒

澳洲道路有許多圓環設計，到圓環時務必先放慢車速，看清楚其他車輛的方向再前進。最重要的原則是一律右線車輛先行通過，進入圓環的前、後方時，都要打方向燈顯示你要轉彎的方向，直行則不用打。

搭觀光巴士

造型特殊的兩層露天市區觀光巴士，是許多旅客喜愛的交通工具，一共有2條不同的路線：雪梨市區（City Tour）、邦代與海灣（Bondi ＆ Bays Tour）。2種巴士共用同一種票券，若時間允許，2條線路巴士皆可使用。

http www.bigbustours.com/en/sydney

	雪梨市區 City Tour	邦代與海灣 Bondi & Bays Tour
總站數	23站	11站
起站	環形碼頭 (Circular Quay)	中央車站 (Central Station)
發車頻率	每30～45分鐘	每45～60分鐘
特色	可走遍城市中大多數的景點	可一覽雪梨著名的海邊風光

＊以上資料時有異動，以最新公告為主。

購票與搭乘

- **購票**：可在路邊站牌招手上車後與司機購票。
- **搭乘**：路邊站牌招手停靠後搭乘。此市區觀光巴士沒有確切時間表，約15～20分鐘發車一班，營運時間為每日09:00～17:00，末班車時間會依季節不同有所變化，需先向司機詢問末班車資訊。

票種	票價
24hr ticket (1日票)	成人 / $69、孩童 / $63
48hr ticket (2日票)	成人 / $135、孩童 / $105

＊以上資料時有異動，以最新公告為主。
＊孩童年齡範圍：3～15歲。

貼心 小提醒

出發前先將每日的行程規畫好

不管是探險號巴士與市區觀光巴士，都替觀光客提供了多一個交通選擇，但與其他大眾交通運輸比較，票價確實高了許多，雖然是無限暢遊的一日票，但一天很難玩遍所有的景點，而且巴士沒有固定時間表，很有可能會將旅遊時間花在等車。建議出發前先將每日的行程規畫好，才不會選擇了索費較高的交通工具，又浪費了寶貴時間。

行家祕技：雪梨近郊探索特殊票券

如果旅行時間足夠，何不考慮去近郊走走？雪梨近郊景色有別於繁忙的市區，無論是活力奔放的邦代海灘風光、壯闊綺麗的藍山與三姐妹石，只要選對車票，就可以暢行無阻。

藍山觀光巴士
Blue Mountains Explorer Bus

若想仔細探索藍山周邊景點的旅客，可考慮購買藍山觀光巴士的1日券。先搭乘火車至Katoomba站，再搭乘藍山的觀光巴士輕鬆走遍，觀光巴士可自由上下車，中間有約30處景點，行程可依個人喜好自行計畫。

邦代海灘火車＋公車
Bondi Beach Link Ticket

雪梨市區內有直接抵達邦代海灘的公車，但若要從各火車站前往邦代，可選擇火車＋公車的套票。火車搭至Bondi Junction站後，再轉搭接駁的公車(333、380、381、382)，公車的費用只需加$2澳幣。此票券可以於一般售票機自行購買。

搭輕軌電車

雪梨輕軌電車（Sydney Light Rail）行駛於一般路面，目前市區共有3條線。1號線(L1)停靠的車站主要為市中心到雪梨內西區，知名停靠點為觀光客喜愛的雪梨魚市場（Fish Market）；2號線及3號線前半段的路線一致，起始於雪梨歌劇院所在的環形碼頭（Circular Quay），接下來沿著最熱鬧的喬治街（George Street）前進，直至摩爾公園（Moore Park）後分岔。每一站都有不同的景點，附近也有火車站或捷運站，轉乘十分方便。

http transportnsw.info/routes/lightrail

▶雪梨輕軌路線圖

輕軌電車票種介紹

票種	票價
單次澳寶卡 Opal Single Ticket	0～3公里 / $4 3～8公里 / $5.2 8公里以上 / $6.7
澳寶卡 Opal Card	0～3公里 / $3.2 3～8公里 / $4.36 8公里以上 / $5.6

1.使用澳寶卡票價會較為優惠，但下車時別忘記再刷一次卡。
2.上車後告知售票員目的地，亦可現場購買車票。

搭輕軌電車步驟 Step by Step

Step 1 找到輕軌電車站
找到輕軌電車車站，可以直接進站等車，不用先行買票。

Step 2 進入候車月台

Step 3 刷票卡
持有澳寶卡的乘客，在上車前須在車站設置的機台刷卡。上車前須在車站設置的機台刷卡，可使用澳寶卡或感應信用卡。**請注意** 車上沒有售票員，無法在車上買票。若被查到未購票，需要支付高額罰金。

Step 4 下車後再刷一次卡
使用澳寶卡乘車的旅客，別忘了下車後，要再去機台刷卡一次，不然會被以最長距離計算車資喔！

搭計程車

雪梨有許多計程車公司，其中最主要的3間分別為白色車身的GM Cabs、黑色車身的13Cabs、

銀色車身的Silver Service。路上隨招隨停，也有電話叫車與網路訂車服務。

車資計算

新州政府規定計程車計費方式最高基本費用為$3.60澳幣，每公里加收$2.29澳幣，等待時間為每分鐘$94.4澳幣（車速低於每小時26公里）。夜間時段（22:00～06:00）基本費用不變，每公里為$2.73澳幣。若有2～3人共乘短程或中程距離，計程車資有時候會比火車、公車還划算，可視情況選擇共乘。

請注意 進出雪梨機場會有每輛車$5.45澳幣的額外費用。部分高速公路，如雪梨大橋海港隧道等，也會加收額外的過路費。

Uber

Uber等叫車平台在澳洲的大城市裡非常盛行，價格透明、可提前預約、容易叫車的優點漸漸成為遊客出遊的優先選擇。下載APP之後，註冊會員，接著輸入目的地，即可看到這趟旅程所花費的費用，較為直覺與簡單，且有不同的車型可供選擇，可依照自身的人數與行李去挑選。若使用海外信用卡付款可能會額外支付手續費。

貼心小提醒

計程車搭乘須知

在澳洲搭計程車，乘客有權力請駕駛按照乘客想走的路線、看跳表機，以及決定是否開關空調和收音機。但要特別注意，在計程車上不能飲食、抽菸。

搭乘汽車必須繫安全帶

在澳洲搭乘汽車，不管是前、後座，每個人都必須繫好安全帶，這在澳洲執行得非常嚴格，一定要留意。

行家祕技　Uber超收如何退費？

搭乘Uber的時候，如果原本預計行程跟實際搭乘費用差距很大，有可能是司機繞路或者多走收費路段，可用APP向客服申訴退費。但因為不一定每次都可以退，建議最好的情況是上車前先查好地圖，上車後立刻跟司機確認路線，請司機依照自己想要的路線開，才不會多花冤枉錢！

Step 1　選擇要退費的旅程

在Activity選單中選擇搭乘的日期，點進該旅程並滑到最下方的Help區域。點選所搭的旅程之後，頁面上會展示完整路線，所以司機若是繞路，就會很明顯可以看出來。

Step 2　查看收據

選擇Get Ride Help，並選擇Review Receipt，點進去可查看收費細節，例如高速公路過路費。

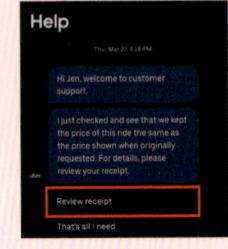

Step 3　查查看費用和票價

畫面滑到最下方，點選Review my fees and fares。

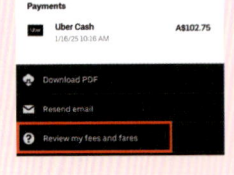

73 Traveling **So Easy!** in Australia

交通篇

Step 4　選擇需要幫助的情況

依照實際情況，選擇司機走的路線不正確(My driver took a poor route)，或是我支付了額外的費用(I paid an additional toll fee)。

Fare review
- My driver took a poor route
- I would like to get a refund on the trip I didn't take
- I paid an additional toll fee

Step 5　顯示退款金額

系統會自動生成可退金額。退費會退到Uber帳戶，而不是原本付款的銀行卡。

Step 6　收到新收據

等幾分鐘後，會在E-mail收到新的收據，新的收據上會展示調整的費用。

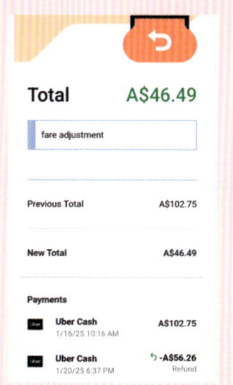

一般計程車看這裡

13 Cabs	Silver Service
📞 13-2227	📞 133-100

＊以上資料時有異動，以最新公告為主。

搭渡輪

雪梨是出名的港灣城市，渡輪（Sydney Ferry）也是這個城市不可或缺的交通工具，搭乘渡輪除了可以往來出名的達林港（Darling Harbor）及環形碼頭（Circular Quay）之間，也是連接雪梨與市區與北雪梨的重要路線。環形碼頭是雪梨最大搭乘渡輪的碼頭，從環形碼頭出發有多條路線可供選擇，從雪梨市中心到環形碼頭可用公車、火車、步行方式到達，十分方便。建議來雪梨觀光的旅客搭乘渡輪，可享受到這個港灣城市的不同風光，以及窺得不同角度的雪梨歌劇院與雪梨港灣大橋。

▶ 渡輪路線圖

▲ 渡輪之旅可說是旅遊雪梨不可錯過的行程，可以欣賞不同角度的雪梨歌劇院和港灣大橋

渡輪票種介紹

票種	票價
單次澳寶卡 Opal Single Ticket	0～9公里 / $8.6　9公里以上 / $10.7
澳寶卡 Opal Card	0～9公里 / $7.13　9公里以上 / $8.92

＊以上資料時有異動，以最新公告為主。

渡輪購票步驟
Step by Step

Step 1　確認渡輪路線

港灣邊有許多不同號碼的碼頭告示板，每個碼頭都通往不同的路線，需先確認好路線再買票。

Step 2　查詢時間與路線

各碼頭都設有電子告示板，可先查詢好要搭的渡輪時間與路線，有些渡輪半小時才會有一班，建議可先買好票到附近走走，再回來搭乘渡輪。

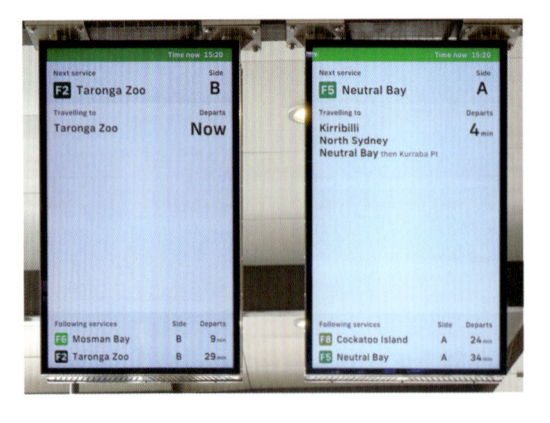

Step 3　欣賞雪梨風光

每個碼頭皆有提供免費且豐富的渡輪路線資訊，若想了解每條路線的不同風光，可參照簡介上的說明。

搭乘渡輪步驟
Step by Step

Step 1　刷卡進站

在環形碼頭站設有進站閘口，其餘碼頭也有刷卡機，可使用澳寶卡或是信用卡、手機等方式感應刷卡。

Step 2　依序排隊上船

渡輪載客量較大，在候船區等候時，要先讓船上旅客下船後，方可依序排隊上船。

雪梨大眾交通運輸APP

Trip View

無論是搭乘火車、公車、輕軌、捷運、還是渡輪，都可以使用APP規畫行程，如本地人愛用的Trip View，可以儲存常用的路線、查詢同路線不同班次的行進時長，也會實時更新班次延誤、取消等情況，非常方便。

Step 1 新增路線

點擊右上角的加號新增路線。若使用付費版，過去添加的旅程都可以保存。

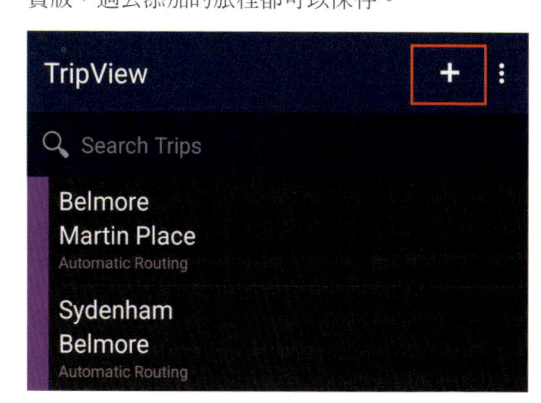

Step 2 選擇交通方式

選擇要搭乘的交通工具。

A.火車及捷運
B.公車
C.渡輪
D.輕軌

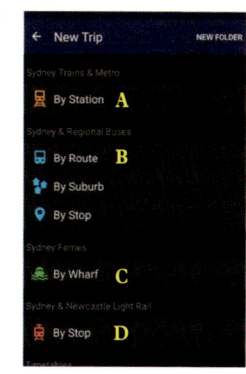

Step 3 選擇起訖站點

直接在路線圖上點選出發站點及抵達站點。

A.按照站名搜尋
B.按照距離查詢
C.直接查看路線圖

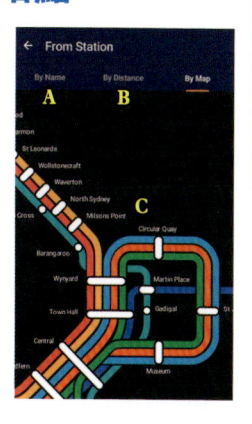

Step 4 儲存行程

點擊右上角的儲存按鈕。

A.保存旅程
B.添加站點
C.更名旅程
D.選擇最短的換車時間

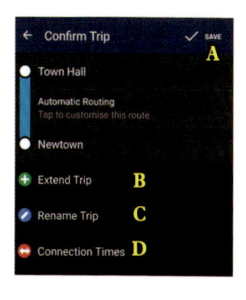

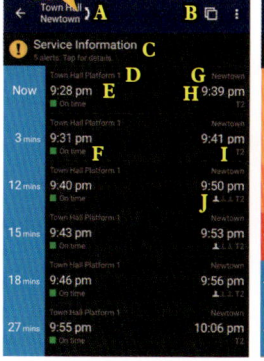

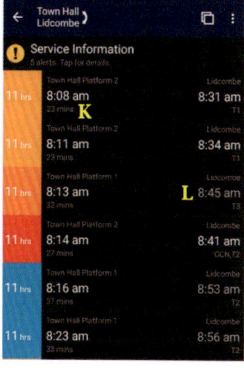

Step 5 查看時刻表

A.點此查看反方向路線的時刻表 / B.點此切換展示資訊 / C.鐵路整修、故障、罷工等資訊 / D.出發站及月台 / E.出發時間 / F.出發時間是否準時 / G.抵達站 / H.抵達時間 / I.路線名稱 / J.列車擁擠程度 / K.火車有快慢車之分，快車遇小站過站不停，可依旅程時間判斷搭哪班車較好 / L.灰色字代表到達時間把下一班車晚

墨爾本交通運輸

墨爾本市區交通便捷，近郊也都有電車、公車、火車等交通往返。

墨爾本市區交通便捷，若欲前往近郊觀光，電車、公車、火車等也都有交通往返。不過更遠的大洋路、菲利浦島景點等，則建議參加當地旅行團或是自行開車前往。當地旅行團提供一日遊行程，只要打電話報名，通常第二天就可以出團，也有中文團，由中文導遊解說，旅客服務中心可查詢相關資訊。

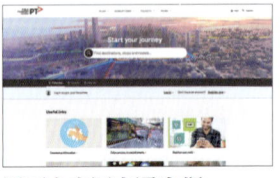

墨爾本市區交通官網
http://www.ptv.vic.gov.au

Myki Card

在墨爾本搭乘大眾交通工具一定要有一張myki，這張卡類似於台灣的悠遊卡，只要一卡在手，就可以在墨爾本暢行無阻。

購買及使用方法

在各大車站、7-11等便利商店皆有販售，全票$6澳幣、優惠票(年長者、兒童)$3澳幣。票內沒有押金，這張卡是買斷的，無需歸還。

主要交通工具的刷卡機制

交通工具	刷卡機制
火車	上下車皆要刷卡
公車	上下車皆要刷卡
路面電車	僅需上車刷卡，唯Zone2下車也要記得刷卡。若在路面電車免費區域(Free Tram Zone，P.78)上下車，皆無需刷卡

票價

乘客無需自己選擇2小時或1日票，卡片會自動計算最划算的扣款方式。2小時內最多不會扣款超過$6.70澳幣，全日則最多不會扣款超過$9.20澳幣。因此若只是在墨爾本市區周邊活動，一日的交通費相當划算。

範圍/時間	2小時全票	2小時優待票	1日票全票	1日票優待票
Zone1+2	$4.60	$2.30	$9.20	$4.60
Zone2	$3.10	$1.55	$6.20	$3.10
週末(含國定假日)	-	-	$6.70	$3.35

＊票價隨時會有變動，請依官方公告為準。

儲值步驟 Step by Step

在各大車站、路邊的儲值機都可以加值，市區街道隨處可見加值機，非常好找，很便利。

Step 1　選擇語文
加值機頁面上方有中文選項。

Step 2　選擇加值
點選「Top up myki money」。

Step 3　投入金額
將票卡放在感應處，再投入加值金額。

Step 4　確認加值成功
最後記得確認加值後的餘額是否正確。

路面電車

在墨爾本市區，不太會看見公車滿街跑的景色，路面電車（Tram）才是墨爾本市區內主要的交通工具，也是墨爾本的一大特色。路面電車路線眾多，不管是市區內或是市郊皆有站牌。建議初次抵達墨爾本的旅客，可先行至旅客服務中心蒐集地圖及相關資料，還有專人可以諮詢。

搭乘步驟 Step by Step

Step 1　找到乘車站
找到路面電車的乘車站，注意不要搭到反方向。

Step 2　上車刷卡
若是在免費區域以外的地點上車，上車需要刷卡。刷卡機上會顯示扣款金額和卡片餘額。

Step 3　下車
若上車時已刷過卡，下車時可以直接下車。若上車時是在免費區域內，但下車時在免費區域外，則下車需要刷卡。

▲ 電車內的拉環設計成錨，展現港灣城市的特色

路面電車免費區域

路面電車免費區域「Free Tram Zone」除了讓當地人方便在市區內往來活動之外，對觀光客來說更是一大福音。若選擇住在市區內的飯店，大約有8成的市區景點都在免費區域內，可以免費搭乘路面電車輕鬆前往。大致範圍包含：由北邊的維多莉亞女王市集開始，西邊到維多莉亞海港，南至佛林德斯火車站和聯邦廣場，皆屬於免費區域。

請注意 若下車時已經超出免費區域，別忘記刷卡。可在官網下載免費區域地圖，方便隨時查閱。

▲ 如果看到「FREE TRAM ZONE」這個綠色標誌，就代表正在免費搭乘區域內，上車時無需刷卡

旅客服務中心看這裡

墨爾本旅客服務中心
Melbourne Visitor Hub
- www.visitmelbourne.com/regions/melbourne/practical-information/visitor-information-centres/melbourne-visitor-hub-at-town-hall
- 90-130 Swanston Street Corner Little Collins and, Swanston St, Melbourne VIC 3000
- 09:00～17:00

免費旅遊電車：35 City Circle

墨爾本市區有免費旅遊電車供所有民眾、遊客搭乘，只要站牌有寫上「City Circle」文字，都可在該站上下車，車內還有語音廣播導覽，由於是市區循環路線，行駛路線不會超出城市範圍，所以不用擔心搭錯站或下錯車。

對墨爾本市區不熟悉的旅客，可先行搭乘此電車遊城市一圈，就能對主要景點位置有一初步了解，之後再步行城市，一覽墨爾本市區風光。

免費電車地圖看這裡

路面電車免費區域(Free Tram Zone)
- www.ptv.vic.gov.au/more/maps

免費旅遊電車：35 City Circle
- www.ptv.vic.gov.au/route/15834/35
- 週日～三10:00～18:00，週四～六10:00～21:00，平均每30分鐘一班車
- 日～三晚間不發車，聖誕節與耶穌受難日停駛。車廂較為擁擠

▲ 免費區域地圖　　▲ 免費旅遊電車路線圖

＊資料時有異動，請以官方公布的最新資料為主

布里斯本交通運輸

布里斯本的市區屬於精巧型，街道規畫清楚分明。

攝影／傅嬿玲

布里斯本市區適合以步行方式遊覽，市區以外的景點則可利用公車。澳洲的每個地區(州)都有各自的交通網，布里斯本的交通網是昆士蘭州的Translink，包含公車、火車、渡輪，以及黃金海岸的電車(G:link)。Translink官網貼心提供中文翻譯，透過官網的行程規畫師(Journey Planner)、路線時刻表(Timetable)就能查詢適合的路線、車號、時間及轉乘搭配，非常方便。

行經多少個區(Zone)	Go Card 票價	Go Card 離峰時段票價	單程票
1	$3.55	$2.84	$5.10
2	$4.34	$3.47	$6.30
3	$6.63	$5.30	$9.60
4	$8.72	$6.98	$12.60
5	$11.46	$9.17	$16.60
6	$14.55	$11.64	$21.10
7	$18.10	$14.48	$26.20
8	$21.48	$17.18	$31.10

＊以上票價不適用於火車機場線(Airtrain)，只要起點站為布里斯本機場，費用為獨立計算。

Go Card

Go Card類似於台灣的悠遊卡，可搭乘Translink所有的公車、火車、路面電車或渡輪，都享有優惠票價且十分便利。

票價

布里斯本周邊總共劃分成23個區(Zones)，火車、公車、渡輪、電車均一價，費用以「經過多少個區(Zone)」來計算。平日08:30～15:30、19:00～凌晨03:00、六日及國定假日為離峰時段，有8折優惠。

購買及使用方法

在各大車站、7-11等便利商店皆有販售，全票$10澳幣、優惠票(年長者、兒童)$5澳幣。退卡時押金可退回。使用Go Card在任何交通工具上，務必上下車都要刷卡，若下車忘記刷卡，下一次上車時會先被扣除$5～30澳幣不等的車資（視交通工具車資不一）。

▶ Go Card成人票可從售票機購入，若要買孩童或其他優待票種，需至鄰近的車站或便利商店購買

開始 So Easy! 自助旅行 在澳洲

貼心 小提醒

紙質車票比Go Card票價貴

　　Go Card的票價至少比單張紙質車票便宜30%，會比較划算。但如果真的有需要，目前還是有販售單程的紙質車票，限於2小時內換乘。可以在火車站的售票處及售票機購買，車上和渡輪上都沒有販售，所以必須上車前先買好，不可退款。

布里斯本旅遊資訊看這裡

布里斯本交通資訊中心
- www.translink.com.au
- King George Square Station Ann Street Concourse (喬治國王廣場站與安街交會處)

遊客服務中心
- Cnr Albert and Queen St. Brisbane City(皇后街徒步區與亞伯特街轉角處，就位在市區最熱鬧的徒步區中間，非常顯眼好認)

公車總站
- 位於皇后徒步區的地下樓層，要在該站上車的遊客別忘記站牌是在地下，而不是路面上。

黃金海岸交通運輸

靠著路面電車和公車就可以抵達大部分的景點。

　度假天堂黃金海岸的大眾交通運輸完備，可使用Translink的Go Card以及Gold Coast Go Explore一日車票。
- http www.trans devsydney.com.au

▲黃金海岸路線地圖

購買及使用方法

　　在黃金海岸機場、各飯店櫃檯、7-11等便利商店皆有販售。卡片內並無押金。卡片可在月台售票機儲值，每次儲值單位為$10澳幣，最多可儲值$80澳幣。

Go Explore Card

　　Go Explore Card僅限在黃金海岸（Gold Coast）地區使用，車票$10（5～14歲$5，5歲以下免費），使用時間為當日首次刷卡後至第二天03:00為止。可無限次搭乘Translink的大眾運輸工具，非常適合一天會去多個景點的遊客，能省下不少車費。

路面電車搭乘步驟 Step by Step

Step 1 刷卡上車

　　黃金海岸的路面電車內並沒有刷卡機，

切記在上車前於月台刷卡機過卡，否則被查票員查到可是會被處以高額罰款。

Step 2 按鈕開車門

車門不會自動打開，因此要進出車廂必須按車門上的開門鈕。

Step 3 下車後在月台刷卡

就算是使用Go Explore一日票，下車後也應於月台刷卡機過卡。

路上觀察 路面電車特殊設施

衝浪板專用放置區

車廂內可看到衝浪板專用放置區，這是只有衝浪天堂黃金海岸才有的設計！

飲用水販賣機

在黃金海岸的電車月台上，經常可見到飲用水販賣機。可自備瓶子購買飲用水，價格比便利商店賣的瓶裝水划算，500ml的飲用水僅$1澳幣。

應用英語ABC

應用單字

國際線機場 international airport	火車站 train station	長程巴士 Coach	儲值 top up
國內線機場 domestic airport	單程票 one way ticket	路面電車 tram	預付 prepay
轉乘 transit	來回票 return ticket	月台 platform	

實用會話

我想買雪梨至墨爾本的來回票。
Can I have one Sydney to Melbourne return ticket?

請您到達___車站時提醒我們。
Could you please remind me when we arrive at ___ station?

這輛車是到墨爾本的嗎？Is this coach to Melbourne?

請問您可以告訴我如何去市中心嗎？
Could you tell me how can I go to the city?

我想要報名一日遊。
Hello, I would like to apply one day tour.

我想要報名去___的一日遊。
Hello, I would like to join the one day tour to___.

最後一班公車/火車是什麼時候？
When is the last bus/train?

我想儲值我的澳寶卡。
I would like to top up my Opal card.

可以給我時刻表嗎？May I have a timetable?

我可以用現金/信用卡支付嗎？
Can I pay by cash/credit card?

我要確認澳寶卡內的餘額。
I would like to check my Opal card balance.

最近的停車場在哪裡？
Where is the nearest car park?

住宿篇
Accommodations

旅行澳洲，有哪些住宿選擇？

在澳洲旅行，可以根據預算、時間、行程多做考量，先行上網比較各種住宿地點後再做決定。住宿費用會占旅行支出的最大部分，所以選擇一間適合自己的旅館非常重要，避免影響旅遊品質，本單元提供最佳的選擇方法。

照片提供 / Tourism Australia

住宿種類

隨著旅遊業的興盛，在各大、小城市尋找住宿並不是件難事。

星級旅館

星級旅館有分三星級以下、三星級、四星級以上旅館，價位都不一樣。

四星級以上旅館

雙人房每晚房價從$250澳幣起跳，價格相當昂貴，除非走的是奢華旅遊路線，極大多數遊客是不會選擇如此高級的旅館住宿。

三星級旅館

雙人房每晚房價從$150澳幣起跳，雖不大但整潔明亮，適合預算較為寬鬆的遊客。三星級以上旅館的內部設施很舒適，但客房內吧檯的食物及飲料皆要額外收費，可查詢價目表。

三星級以下旅館

雙人房每晚房價從$80澳幣起跳，雖有自己的房間，但是內部設施不盡理想，眞實情況和廣告上圖片有落差，價格其實和背包客旅館差不多，但有自己的房間和衛浴。

貼心 小提醒

請自備牙刷

就算住四星級的飯店，大部分都沒有提供牙刷，請大家一定不要忘記帶著牙刷旅行。

浴巾請重覆使用

為響應省水，許多旅館規定，若將用過的浴巾放回原本的浴巾架上，代表客人願意重複使用，房務人員就不會替換新的給你，想要替換時，請將要替換的浴巾放在浴缸邊或地上。

搭電梯到1樓請按G

在澳洲G(Ground Floor)代表1樓，因此若想要到飯店大廳，通常都是設置在G樓層。到2樓則需按1的按鈕。按鈕B(Basement Floor)或UB則代表地下室，大部分飯店會做為地下停車場使用。

公寓式飯店

若全家一起出遊，不妨考慮投宿公寓式飯店，全家可住在同一間屋子，共享客廳、廚房等設施，也可自己採買食材烹煮，能夠省下不少外食的費用。

就算是住在飯店內，也可以像回到家一樣舒服

連鎖飯店

澳洲有不少屬於中級價位的連鎖飯店，如Ibis Hotel、Travelodge Hotels、Novotel、Crowne Plaza Hotels等，常配合旅遊淡、旺季與假期的套裝行程，提供房價優惠，建議出發前上各網站蒐集情報，也許有機會以划算價格入住星級旅館。

民宿

大都市裡也有不少台灣人所開的民宿，但因在自家宅內，多半離市中心較遠，要先詢問清楚交通行程。許多民宿會要求先付訂金，建議先打聽民宿風評，才不會先行匯了錢，抵達民宿後卻發現查無此地址的懊惱。民宿的價位與背包客旅館差不多，想體驗當地生活風格的人，不妨嘗試住一住民宿，也是不錯的選擇。

要體驗澳洲生活，民宿是不錯的選擇

青年&背包客旅館

市中心通常有許多青年旅館和背包客旅館，一晚一床位的費用約$50澳幣，視多少人共住一間房間計價，也有分純屬男性或女性的房間，或是男女混住，如介意與陌生人同住的旅客，入住前要特別詢問。

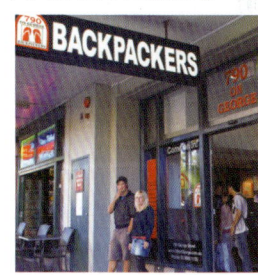

Airbnb

近年透過Airbnb訂房相當熱門，在這個平台上大家可以將家裡的空房提供出來，旅客可以依照自己的喜好選擇投宿。這種類似民宿概念的系統雖然方便，但還是有許多旅客該注意的地方。

不少人因臨時規畫行程訂不到一般旅館，轉而入住Airbnb，但Airbnb的物件良莠不齊，過去也有不少到了當地結果被房東放鴿子的案例。慎選旅途中的住宿是一趟快樂旅行的首要條件之一。

貼心小提醒

Airbnb訂房注意事項
- Airbnb只是提供訂房的平台，但並沒有實際造訪過每一個物件，因此網站上照片或許與實際有差距。
- Airbnb的物件是一般人的住宅，無法做到合法飯店所遵守的消防設施和安全標準，入住前要先有心理準備。
- 與屋主同住，須遵守屋主的習慣與規定。
- 建議多閱讀過去住宿者給予的評價和留言，再決定是否入住。

訂房須知

網路訂房是現今最普遍的方式。

住宿的品質與預算

考量荷包，再選擇適合住宿點

旅遊期間，選擇一間各方面適合自己的旅館非常重要，若旅館環境不佳，會影響到之後的行程和心情。若預算較寬鬆，則建議選擇三星級以上的旅館；若預算較低者可以選擇以床位計算的青年旅館、背包客旅館、私人開設的民宿。

財物的安全性

住宿期間，最重財物安全

大多數的青年旅館及背包客旅館，是以床位計價，所以需與其他房客同住一間客房，共用衛浴設備，錢財被竊時有耳聞，因此自身財物一定要妥善保管，就算置物櫃有上鎖，重要的護照、信用卡都不適合任意擺放，一定要隨身攜帶。

位置的便利性

離市中心近的經濟旅館，可省交通費用

雪梨的交通費並不便宜，如果想要省下旅館費用而住在雪梨郊區地帶，很有可能花上大筆交通費，甚至還會耗費許多時間往返旅館與市區之間，所以建議選擇在市中心或離市中心車程不超過半小時的旅館，最好要有便捷的大眾交通運輸，例如火車站、公車站。

行家祕技 過來人經驗談

在預訂房間時做好規畫和準備是非常重要的，以下幾個考量，你都注意到了嗎？

- **清楚了解自己的旅遊型態**：若整趟旅途沒有打算要開火煮飯，選擇一般的旅館就好，不需要多花錢去訂家庭式旅館；預算有限，或常即時更改行程的背包客，則可以選擇青年旅館、背包客棧。
- **預訂的飯店是否滿足你的需求**：包括該飯店規定的入住及退房時間、提供的設備、是否含早餐，以及孩童是否需要加床等。
- **參考網路評價**：最好先上網搜尋該旅館及周遭環境區域的相關評價，單身或行程會晚歸的遊客需要特別注意安全。再多的飯店文宣和精美照片，也比不上實際入住的旅客給的評價，建議仔細閱讀中意的飯店頁面上的評分再做決定。
- 可以通過現金回饋網站付款(Shopback、LINE Pay等)，或是使用回饋高的信用卡，都可以省下不少錢喔！

訂房網站看這裡

目前知名的線上訂房系統網站幾乎都設有繁體中文版，每間飯店在不同的訂房網站上可能會有不同價錢，建議訂房前先行比價，若剛好網站有促銷活動，也可能省下一小筆旅遊基金喔！另外，建議在訂房前參考之前住客所留下的評語，這些評語往往都比飯店自己的宣傳文宣更準確。

booking.com
www.booking.com

expedia
www.expedia.com.tw

trivago
www.trivago.com.tw

hotels.com
tw.hotels.com

agoda
www.agoda.com.tw

貼心小提醒

留意當地的旅遊旺季

台灣的2月、6～8月是前往雪梨市旅遊的熱門季節，但要特別注意的是，聖誕節和跨年期間才是整個城市最熱鬧的時間，世界各地的遊客都將聚集與此，如果在這些月分前往雪梨旅遊者，強烈建議一定要先在台灣訂妥住宿地點，千萬不要抵達雪梨後才開始尋找，往往都是一房難求的狀態。

住宿推薦

雪梨是許多人第一次到澳洲旅遊的首選城市。
照片提供／Tourism Australia

雪梨

雪梨為澳洲第一大城市，人口數比首都坎培拉還要多，交通、觀光、購物都非常方便，其中雪梨歌劇院與雪梨港灣大橋更是澳洲最著名的地標，也是每年跨年時欣賞煙火的最佳之地。由於雪梨的旅館非常搶手，想要住到理想且合乎自身預算的好旅館，務必提前預訂。

照片提供／Tourism Australia

推薦區域

雪梨著名景點大約集中在中央商業區（Sydney CBD），因位於市中心，生活機能與交通便捷，鄰近雪梨塔、維多利亞購物中心、皮特街購物中心等。住宿價格中等，第一次前往雪梨自助旅遊者，或是目標為購物的旅客，可優先選擇此區。

預算足夠的話，可以選擇達林港（Darling Harbour）附近住宿，鄰近雪梨海洋水族館、雪梨野生動物園，且距離火車站很近，交通方便。達林港港灣夜景很美，每週六有免費煙火秀，親子家庭旅遊很適合入住此區。

中央商業區

Meriton Suites Sussex Street
鄰近市政廳車站及輕軌站，步行可抵達唐人街，離達林港也很近，公寓式套房附有廚房，且配有洗衣機和烘衣機，很適合全家大小入住。
- 類型：家庭式旅館／房型：2～6人
- 雙人房約$270澳幣起、4人房約$650澳幣起、6人房約$900澳幣起

The Ultimo
在雪梨中央商業區裡較為平價的住宿選擇，位於中國城附近，步行5分鐘即可抵達中央火車站，客房坪數相對較小，且房型以2人入住為主，較適合情侶、夫妻。
- 類型：小資旅館／房型：1～3人
- 雙人房約$260澳幣起、3人房約$350澳幣起

Sydney Central YHA
位於於雪梨中央車站對面，搭乘大眾運輸到各大景點都非常方便，除了背包客的單人床位，也有含獨立衛浴的雙人房型。
- 類型：青年旅館／房型：1～4人
- 背包客房一床約$50澳幣起、雙人房約$180澳幣起、4人房約$230澳幣起

Four Seasons Hotel Sydney
高34層樓，可於房內俯瞰雪梨港、雪梨歌劇院的美景，由於良好的視野風景，成為觀賞跨年煙火非常搶手的房源。
- 類型：中高價位旅館／房型：1～2人
- 雙人房約$580澳幣起

達林港

Holiday Inn Darling Harbour
為中價位的商務型飯店，步行約5分鐘可到達林港，沿路也有輕軌站，離中國城也很近，房型主要為雙人房與4人的家庭房。
- 類型：中高價位旅館／房型：1～4人
- 雙人房約$300澳幣起、4人房約$440澳幣起

墨爾本

墨爾本為澳洲第二大城市，連續7年獲得「世界最宜居的城市」第一名，是歷史與現代交錯、生活與藝術融合的城市，城市內保留許多維多利亞式建築，巷弄內也有許多藝術揮灑的塗鴉牆，墨爾本的咖啡文化也是全澳聞名，擁有「咖啡之都」的美譽。

推薦區域

墨爾本中央車站位於唐人街附近，有許多美食餐廳、咖啡廳、購物中心及免費電車站，吃與交通都很方便，若行程皆安排在市區周邊，可選擇此區住宿。另外，費蓮達車站（Flinders Street Station）在雅拉河畔（Yarra River）附近，周邊有許多河景飯店，藝文活動多聚集於此區，從這裡搭乘火車前往郊區景點也很方便，若有安排近郊行程，可選擇這一帶作為據點。

▲ 費蓮達車站(Flinders Street Station)

墨爾本中央車站

ibis Melbourne
歐洲平價連鎖飯店，雖然房間坪數不大，但地

理位置很好，步行5分鐘可抵達唐人街，周邊也有許多餐廳及超市，雖然在市中心內但很平價，適合小資族入住。

- 類型：小資旅館／房型：1～4人
- 雙人房約$160起、4人房約$260澳幣起

Somerset on Elizabeth Melbourne

位於唐人街附近，步行6分鐘可抵達墨爾本中央車站，房間附有洗衣機、烘衣機、廚房，廚房也包含了基本餐具及電器，裝潢簡單但設備齊全，很適合喜歡自己烹飪的旅客入住。

- 類型：小資旅館／房型：2～4人
- 雙人房約$260澳幣起、4人房約$460澳幣起

Melbourne Central YHA

YHA Hostel為全球連鎖的青年旅館，位於免費電車（Free Tram Zone）的範圍內，一樓設有公共廚房、電視區、咖啡廳及酒吧，公共區域免費提供Wi-Fi，有背包客房也有雙人房可以選擇。

- 類型：青年旅館／房型：1～4人
- 背包客房一床約$50澳幣起、雙人房約$180澳幣起

費蓮達車站

Rendezvous Hotel Melbourne

4.5星級的遺產保護酒店，保留了1913年的風貌同時提供現代化的設備服務，飯店就在費蓮達車站的對面，地理位置優越。

- 類型：中高價位旅館／房型：2人
- 雙人房約$350澳幣起

Vibe Hotel Melbourne

2020年開幕的，距離費蓮達車站步行約5分鐘、南十字星車站步行約10分鐘，設備新穎，房間內還有大面落地窗，可欣賞河景。

- 類型：中高價位旅館／房型：2～4人
- 雙人房約$390澳幣起、4人房約$660澳幣起

布里斯本

布里斯本為澳洲第三大城市，僅次於雪梨及墨爾本，從台灣直飛大約9個小時，從布里斯本機場到市區大約30分鐘的車程，而布里斯本因地理位置關係，全年氣候溫暖，有「豔陽之都」的稱號，是許多人來澳洲旅行必去的城市之一。

推薦區域

布里斯本著名景點大約集中在中央商業區（Brisbane CBD）和南岸區（Southbank），這兩區搭乘大眾運輸工具都極為方便，不論火車、公車及渡輪，生活機能十分便利。中央商業區是布里斯本最熱鬧之區域，著名的觀光景點有市政廳、皇后街、紐澳軍團廣場、亞伯特教堂等，大多可步行抵達，購物中心、餐廳、超市應有盡有。著名的人造沙灘、摩天輪，以及藝術畫廊、美術館、博物館則集中在南岸區，相較中央商業區，步調更為悠閒。

中央商業區

Capri By Fraser Brisbane

位於中央商業區，距離皇后街購物中心僅500公尺，從中央車站步行約10～15分鐘，雖距離鬧區很近但晚上並不吵雜，是極為熱門的住宿選

擇。房型以2人入住為主，較適合情侶、夫妻。

i 類型：小資旅館／房型：1～2人
$ 雙人房約$220澳幣起

Meriton Suites Herschel Street

鄰近Room Street車站，步行皆可到達皇后街、市政廳等景點，房型為公寓式套房，附廚房、洗衣機和烘衣機，很適合全家大小入住。

i 類型：家庭式旅館／房型：2～6人
$ 雙人房約$200澳幣起、4人房約$420澳幣起、6人房約$630澳幣起

YHA Brisbane

距離Roma Street車站步行約8分鐘，搭公車約15分鐘可抵達皇后街。背包客房適合預算有限的旅客，每間房雖有房卡管制，但因出入旅館的人較多且複雜，隨身行李與錢財須特別注意。

i 類型：青年旅館／房型：1～4人
$ 背包客房一床約$50澳幣起、雙人房約$150澳幣起、4人房約$160澳幣起

南岸區

Emporium Hotel South Bank

距離南岸公園僅5分鐘步行路程，搭公車約10分鐘可抵達中央商業區，坐擁河景以及景觀無邊際泳池，酒店設施豐富，屬於中高價位住宿。

i 類型：中高價位旅館／房型：2～4人
$ 雙人房約$400澳幣起、4人房約$700澳幣起

Soda Apartment by CLLIX

距離南岸公園大約步行10分鐘，房型選擇多樣，有設備齊全的廚房，另有免費空中泳池。

i 類型：家庭式旅館／房型：2～6人
$ 雙人房約$250澳幣起、4人房約$400澳幣起、6人房約$900澳幣起

露營車營地

開普通小型車自駕也可考慮入住營地的小木屋。

若選擇自駕遊澳洲，選擇住在露營車營地會是一個新奇的體驗。就算不是開露營車，駕駛一般小型汽車也很適合入住營地。私人營地內也會有獨棟的小木屋提供住宿，車子則是可以直接停在屋旁的停車場，較大型的12人座車也不用擔心。在澳洲露營車一定要在營地過夜，不能

▲露營車內一應俱全，但過夜仍須停在營地內

隨便在路邊亂停。營地也有等級分別，從免費沒有提供水電的營地，到私人如度假村的場地，可視自身需求做選擇。通常營地會有專門的污水處理處讓車主清理廢水，設備較完善的營地則會有公用的浴室、廁所、廚房，甚至是烤肉區域。

優點

- 停車格大，大型車也不用煩惱停車問題。
- 市區飯店需要另付停車費，營地則免費停車。
- 適合全家同遊，許多營地設有兒童遊戲區。
- 多在自然美景區域，早晨起來就被包圍在大自然之中。

缺點

- 多在離市區較遠的地區，進出市區有段距離。
- 沒有24小時服務，許多營地的櫃檯16:00下班。
- 部分較偏遠的營地，網路訊號微弱或根本收不到訊號。

公共設施

並非所有營地都設有公共設施，在預定前建議先上網查詢該營地設備。除了預算的考量外，也應將旅遊時的季節、同行者的接受度納入考量。

廚房

許多人怕在車上煮飯會讓整台車留下氣味，因此在公共廚房料理也是解決方法之一。廚房通常備有基本餐具，調味料建議自己備妥。使用完畢別忘了隨手擦拭乾淨，讓下一位使用者也可以安心使用。

淋浴間

部分營地對熱水提供非常嚴格，不但有時段限制，更有使用時間的限制（例如每用5分鐘熱水後提供10分鐘冷水）。若計畫在冬天旅行，這方面需要特別注意。部分營地不提供吹風機，建議隨身攜帶（澳洲電壓為220～240伏特）。

洗衣間

投幣式洗衣機和烘衣機，讓長途旅行也不用擔心沒地方洗衣了。

交誼廳

可以認識新朋友的好地方！不妨在此交換旅遊心得，搞不好會有其他私房景點的資訊。

▲ 廚房 　　　　　　▲ 交誼廳

▲ 淋浴間 　　　　　▲ 洗衣間

貼心小提醒

選擇自駕，保險不可少

無論是租借小型汽車或是大台的露營車，都建議加保車險。即使開車技術好，但長途駕駛和路況不熟，多少都存有風險。無論車體刮傷、擋風玻璃損傷或車內設備有問題，修理起來都不便宜，所以在取車時務必確認車況，已有損傷的地方最好拍照留下記錄。

飲食篇
Gourmet

在澳洲，吃什麼道地美食？

澳洲是新興國家，有很多來自不同國家的新移民，所以有很多異國料理，有西方料理、也有東方料理，還有許多價格實惠的平價食物可供選擇。

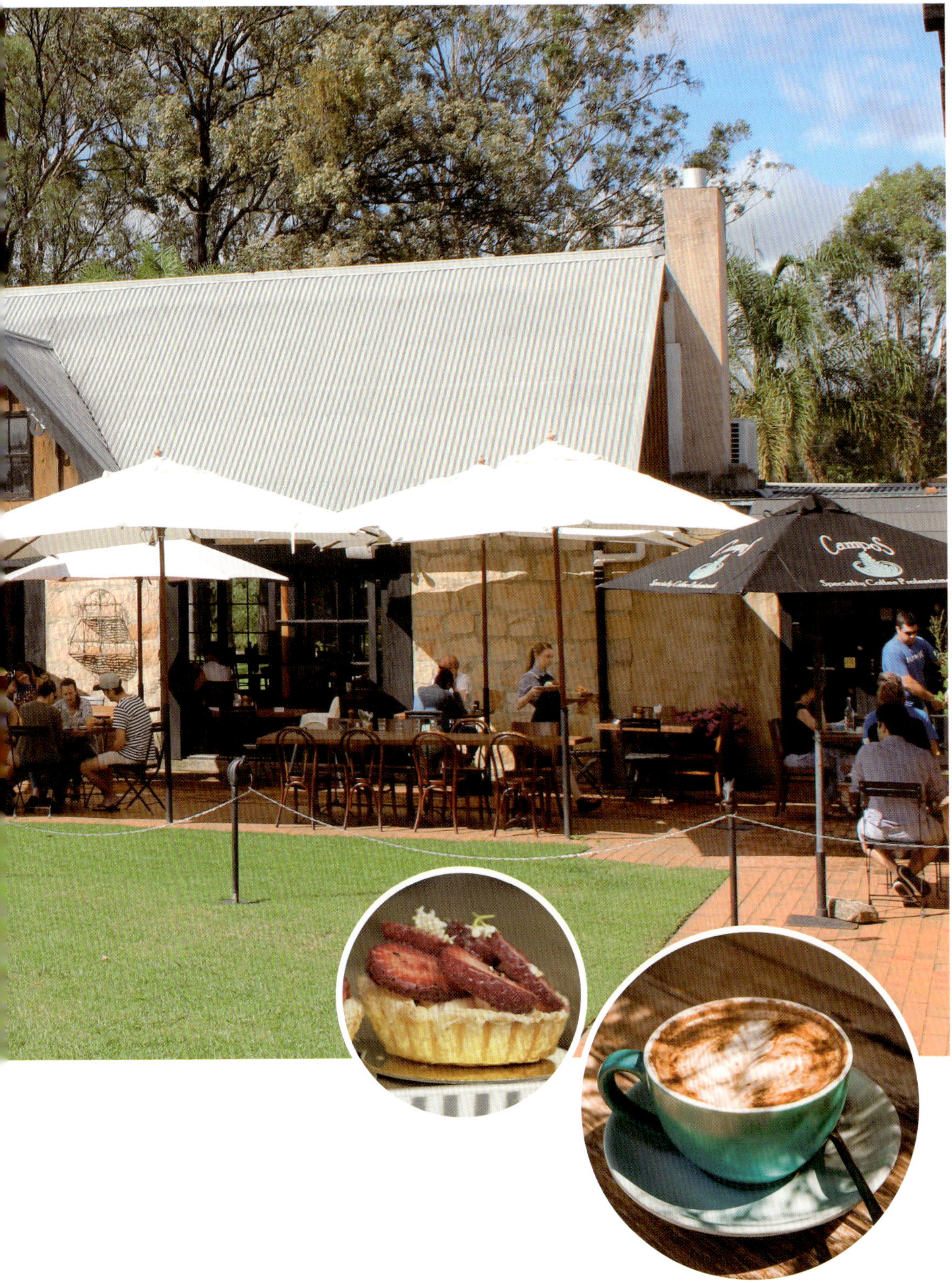
Campos

澳洲用餐文化

麵包、三明治，再搭配一杯咖啡，就是澳式早餐。

澳洲人的一日三餐

早餐

　　早餐以簡單便利為主，除了麵包、三明治、麥片等，澳洲人也喜歡搭配一杯提神醒腦的咖啡，讓新的一天充滿活力。與台灣不同，在澳洲很少有專門賣早餐的早餐店，但咖啡店、麵包店（bakery）通常早上7、8點就會開門營業。另外，澳洲也流行早午餐（brunch），其中，含有多種食物的拼盤大早餐（big breakfast）就是早午餐的經典選擇。

午餐

　　澳洲人的午餐與早餐類似，仍是以三明治為主，一般會多一道生菜沙拉。但習慣吃熱食的人，仍可輕易在街上找到提供商業午餐的餐廳，可以吃到各式各樣的異國料理。

小酌

　　澳洲的咖啡店通常下午2、3點就關門了，在這之後，取而代之的用餐場所是酒吧。澳洲的工作類型眾多，通常藍領的下班時間較早，約為下午3點，白領則是下午5點左右，都還不到晚餐時間。因此，澳洲人習慣先跟同事朋友先去酒吧「喝一杯」，然後才回家吃晚餐。許多酒吧都會有Happy Hour，會提供打折啤酒，通常是下午4～6點之間。除此之外，一些酒吧也提供簡單的點心，如餅乾等，讓客人可以配酒享用。

晚餐

　　晚餐是一天中較為豐盛的一餐，雖然一般商店較早打烊，但大多數的市區餐廳仍會營業至晚上8、9點，晚餐吃完後，若意猶未盡，還可到附近酒吧小酌一杯。

行家祕技　一定要吃的Vegemite澳式早餐

　　沒吃過Vegemite，就不能算是吃過最正宗的澳式早餐。Vegemite類似果醬，主要製作原料是由酵母萃取物組成，口感又鹹又苦，不習慣的人大都吃一口就放棄了，但澳洲人可是每天早上一定要來一片沾滿Vegemite的吐司或麵包。若要嘗試，建議到超市買最小罐的就好，或是飯店早餐有時會有小包裝。

澳洲的餐廳禮儀

在澳洲餐廳用餐，通常都有帶位服務，會免費提供冰開水，飲料則是要額外付費。點餐時，不用說出菜名，說那道菜名的號碼一樣行得通。

等候帶位

進入餐廳，表明客人的人數後，就要等候帶位，有些餐廳門口會放一本候位簿子，客人可以在候位單上自行填寫姓名、人數，並撕下號碼條等待服務人員的廣播。

點飲料

服務生送上菜單後，會先詢問要喝什麼，通常都會提供免費的冰開水，其餘飲品皆需付費。許多中式餐廳提供的茶水，也需付費，這點需要特別注意。若不想點飲料，可以直接表明不需要。

點菜

澳洲餐廳的菜單會有將菜名標上號碼的習慣，即便不太會念英文菜名，可以直接告知號碼。大多數餐廳沒有最低消費的規定，餐點的分量與台灣略有不同，點餐時先觀察其他客人的餐點分量再做決定，不一定要每人都點套餐，避免浪費。

結帳

澳洲沒有給小費的習慣，所以不給小費很正常，若覺得服務很好，想要給予小費獎勵，需視個人狀況而定。

貼心小提醒

免費的自來水怎麼說？

澳洲的餐廳會提供免費的自來水，但要注意英文說法是Tap Water，有些高級餐廳，服務生會詢問Still or Sparkling Water，如果選Still，就會是玻璃罐裝的水，需要額外收費。可直接跟服務生說「Just tap water, please.」，就會獲得免費的自來水。

澳洲的咖啡文化

早晨第一杯就要咖啡

根據統計，每4個澳洲人就有3個每天至少喝1杯咖啡，澳洲人平均每週消費的咖啡數為14杯。澳洲人對於咖啡的熱愛在踏入澳洲之後就可以明白：隨處可見的咖啡廳，早上上班時段人手一杯咖啡，走在街道上更可以聞到空氣中飄來的咖啡香。

各間都有自家烘焙咖啡豆

澳洲有很多連鎖加盟的咖啡店，但別以為味道千篇一律，每間咖啡店所使用的咖啡豆都不一樣，各有其特色，而獨立的咖啡店所使用的咖啡豆大多是自家烘焙的，大部分的咖啡店也有販售他們所使用的咖啡豆。

澳洲咖啡特別處之一是他們所用的牛奶是澳洲自產的，澳洲牛奶富含脂肪，所以打起來更容易起泡，奶泡更加濃密且滑順，牛奶加熱後帶出淡淡的甜味使咖啡更有層次，在澳洲喝著使用當地的牛奶沖泡製成的咖啡是一大享受。

澳洲獨有的Flat White

Flat White是澳洲獨有的咖啡，從南半球流行至全世界，2010年起流行於英國，接著傳到加拿大以及美國。什麼是Flat White？簡單來說就是牛奶加咖啡。比起拿鐵，Flat White的牛奶占比少一點，所以Espresso更重一些，可以喝到更濃的咖啡味且口感更為滑順，上方的奶泡量也比拿鐵還少，表面會光滑至反光，適合喜歡品嘗咖啡味道重一點的人。

另外，因為Flat White主要是凸顯在熱牛奶上的奶泡有著不同細節的咖啡，因此只有熱飲的選項。隨機選一間當地的咖啡廳，好好體驗一下吧！

照片提供 / Tourism Australia　　照片提供 / Tourism Australia

貼心小提醒
咖啡用奶大不同

澳洲咖啡另外一個有趣的特色，就是可以選擇的奶類特別多，例如豆奶、燕麥奶、杏仁奶，還有脫脂牛奶，應有盡有。只是要注意，不同類別可能會有額外收費。

與各國文化的結合

作為移民大國，澳洲有許多原本並不是本地文化的美食，經過改良後成為新的澳洲特色。在咖啡中最著名的，就是印度傳來的Chai，現在幾乎所有咖啡店菜單都可以點到。相比傳統的印度奶茶，澳洲的Chai / Chai Latte香料味減輕許多，但最上面會撒上肉桂粉，增添澳洲人喜歡的味道，且糖分比印度還要更高。

近年，日式茶類也開始進駐澳洲咖啡廳的菜單，抹茶、焙茶拿鐵日漸盛行，甚至有一些新的咖啡店會供應抹茶草莓拿鐵，用以增加甜味。台灣流行的珍珠奶茶也經過澳洲人改良，加入到咖啡廳菜單中，成為加了珍珠的冰咖啡

澳洲國民美食：派

若講到澳洲國民美食，一定會想到肉派（meat pie）。傳統的澳洲肉派內餡有肉，還有蘑菇、洋蔥等佐料。現在除了肉派外，還有許多五花八門的口味。除了可在派的專賣店享用，超市冷凍食品區也有種類繁多的冷凍派。有機會到澳洲，一定要親自嘗嘗看這純樸的國民美食。

Pie Face

Pie Face是創立於2003年的派專賣店，現在除了澳洲，在紐西蘭、日本等地也設有連鎖店。在Pie Face的櫥窗，可看見每個派都有不同表情，店家用表情區分口味，讓人感受到澳洲人愜意的生活態度。Pie Face分店眾多可先至網站查詢。

pieface.com.au

影片：介紹雪梨3家美味派店

特色食物與蔬果

澳洲有得天獨厚的自然資源，千萬不能錯過豐饒的在地農產。

蜜汁肋排 (Ribs)

肋排是許多觀光客一定要嘗試的澳洲食物，不管是牛肋排、豬肋排都非常受歡迎，但因肋排是用烤的，需要等待較長的時間，若要享受美味，建議準備較為充裕的用餐時間來享用。

▲ 到澳洲旅遊，嘗一嘗美味的肋排是一定要的

新鮮果汁 (Juice)

澳洲人喜歡喝現打的新鮮蔬果汁，街上常會看到果汁店。炎炎夏日如果來一杯清涼的果汁，可是再享受不過了，記得到澳洲旅行時，千萬不要忘記嘗一下現打果汁的鮮美。

▲ Boost是澳洲著名的連鎖果汁店

袋鼠肉 (Kangaroo Meat)

袋鼠是澳洲出了名的可愛動物，同時也是合法食用的肉類，但卻不是澳洲人的主食。在超市可以看見袋鼠肉(Kangaroo Meat)專區，有時候也可以在餐廳點到袋鼠肉漢堡(Kangaroo Burger)，還有袋鼠肉乾(Kangaroo Jerky)可以解饞。袋鼠肉口感比牛肉稍軟一點，沒有特別的怪味或腥味。

◀ 辣味袋鼠肉乾

酪梨 (Avocado)

澳洲本地產的酪梨與台灣的吃起來不太一樣，味道更加濃郁且富有奶香味，口感細緻滑順。澳洲人非常喜歡用酪梨做料理，例如酪梨吐司、酪梨漢堡。在澳洲的早午餐廳裡，一定會有經典的酪梨吐司，塗上一層醬料及橄欖油，放上新鮮的酪梨切片，搭配生菜、醃鮭魚和蛋，就是

◀ 搭配度極高的澳洲奶香酪梨

澳洲人的最愛！甚至在澳洲的壽司店裡，酪梨也是壽司的主料之一，如酪梨炸雞捲（Chicken Avo）、酪梨鮭魚捲（Salmon Avo）、酪梨鮪魚捲（Tuna Avo）都是澳洲特有的壽司，一定要試試看。

▲ 林明頓蛋糕

▲ 影片：介紹雪梨3家林明頓蛋糕

草莓西瓜蛋糕（Strawberry Watermelon Cake）

獲選CNN排名前10名的雪梨甜點店Black Star Pastry，是靠著西瓜蛋糕紅遍全澳洲的，連新聞都說如果沒吃過西瓜蛋糕，就不算來過雪梨！用新鮮草莓與西瓜作為主角，搭配淡淡的玫瑰味鮮奶油和杏仁達克瓦茲，上層使用新鮮草莓凍、開心果以及玫瑰花瓣點綴，夾在中層的西瓜中和了奶油的甜膩感，吃起來十分清爽。草莓西瓜蛋糕單片$11、4人份$40、6人份$60，在雪梨有NEW TOWN和SYDNEY CBD兩家分店。

www.blackstarpastry.com

▲ 賣相極佳，令人垂涎欲滴

林明頓蛋糕（Lamington）

林明頓蛋糕是澳洲道地的傳統點心，在超市、便利商店、咖啡廳都可以看到它的蹤影，以海綿蛋糕為主體，加上一層巧克力，外表包裹了滿滿椰絲，中心保持著恰到好處的濕潤感，外脆內軟搭配椰絲融化在口，每年的7月21日是澳洲的林明頓日（Lamington Day），足見澳洲人對這款甜點無比喜愛。

豆知識
林明頓蛋糕的由來

由來雖眾說紛紜，但其中一個故事卻廣為流傳，相傳有客人不請自來到當時的昆士蘭總督Baron Lamington家裡做客，於是總督讓自家廚師迅速做出餐點招待客人，但廚房中只剩下前一天剩餘的海綿蛋糕，於是廚師把海綿蛋糕切成小塊放入融化的巧克力裡，並將椰絲灑在表面，沒想到令這位客人大為稱讚，特別要了食譜，以Lamington命名，並用其作為正式的招待甜點之一。

鬆餅（Pancakes）

近年，澳洲鬆餅逐漸知名，在新南威爾斯有3間分店的Bills，現在於日本、夏威夷也有多間分店。老牌的Pancakes On The Rocks也是觀光客喜愛的餐廳之一，每到用餐時間總是大排長龍。喜愛吃甜食的你，絕對不能錯過美味的澳洲鬆餅。

Bills
www.bills.com.au

Pancakes On The Rocks
www.pancakesontherocks.com.au

可頌 (Croissant)

獲得紐約時報專欄評選爲世界最好吃的可頌烘焙店——Lune Croissanterie，憑藉獨特的奶油香氣一炮而紅，分店一路從墨爾本開到布里斯本及雪梨，每天排隊人潮仍然絡繹不絕。另外，雪梨本地也有許多特色可頌店，例如融合日式抹茶、芋頭等口味的Top Impression、融合韓式草莓等口味的方形可頌Buttercrumbs、經典法式杏仁等口味的Petit Lou Lou，都值得一試。

▲ 韓式可頌

▲ 影片：介紹雪梨3家可頌對決

▲ 日式可頌

牛製品

澳洲牛製品因其高品質與高產量，成爲全球肉類市場的重要供應來源，無論是牛奶還是牛肉，都廣受歡迎。

牛奶 (Milk)

澳洲擁有得天獨厚的牧場環境，產出的牛奶品質優良、口感滑順，且有高標準的乳品安全，備受推崇，出口至全球多國。當地乳製品種類豐富，包括全脂、低脂、無乳糖牛奶，以及各式各樣的風味牛奶，廣泛用於日常飲品、咖啡及烘焙，在澳洲，超市牛奶的價格有時甚至比礦泉水還要便宜！

安格斯牛 (Angus Beef)

安格斯牛原產於蘇格蘭，但在澳洲發展出優質的草飼與穀飼版本。其特色是肉質細膩，油花分布均勻，適合燒烤及牛排食用。

和牛 (Wagyu Beef)

澳洲和牛起源於日本，但經過長年培育與改良，發展出獨特的澳洲品種。和牛以極致的大理石紋油花聞名，肉質柔軟多汁，風味濃郁。澳洲是全球第二大和牛生產國，並出口至高端市場，如美國、亞洲與歐洲。

飲食篇

行家祕技：澳洲和牛分級

澳洲和牛的等級評定依據MS(Marbling Score)，即油花分布程度，範圍從1～9+。
- MS 1～3：油花較少，適合日常烹飪，如燒烤或煎牛排。
- MS 4～6：油花明顯，口感軟嫩，適合高檔餐廳或家庭聚餐。
- MS 7～9+：頂級，油花細密，入口即化，通常用於和牛壽喜燒、燒肉或精緻西餐。

貼心小提醒：牛排各部位及熟度的英文

澳洲市售以及餐廳最常見的牛排部位，價格從低到高依序為：牛臀(Rump)、沙朗(Striploin / Sirloin)、肋眼(Ribeye)、菲力(Fillet)。

牛排熟度從最生到最熟依序為：Blue、Rare、Medium Rare、Medium、Medium Well、Well Done。澳洲人最愛的熟度是Medium Rare，外熟內嫩、肉汁豐富。

特色水果

無花果(Figs)
直接吃或用於果醬、糕點。

無籽葡萄(Seedless Grape)
吃起來清脆爽口。

小漿果(Muntries)
澳洲特色水果，口感爽脆帶有微妙香氣。

桃子(Peach)
澳洲桃子種類豐富，有軟糯也有清脆等不同口感的品種，都可以直接食用。

藍莓(Blueberries)
果肉飽滿多汁，甜酸平衡，適合直接食用或搭配優格、甜點享用。

櫻桃(Cherry)
甜酸適中，夏天產季時還能到果園現摘現吃。

特色蔬菜

甜菜根(Beetroot Baby)
除了打成果汁外，也常在沙拉和湯品中使用。

澳洲蘿蔔(Radish)
和在台灣看到的蘿蔔長得完全不一樣，常用在沙拉裡面。

荷蘭胡蘿蔔(Carrot Dutch)
細長的荷蘭胡蘿蔔用水汆燙後即可食用，非常方便。

櫛瓜(Zucchini)
常用於烤蔬菜、濃湯。

茴香(Fennel)
此類茴香被視為蔬菜，所以不做香料使用，常用在沙拉裡。

抱子甘藍(Brussels Sprout)
只需簡單清炒或汆燙就很美味。

金鈕扣南瓜(Gold Squash)
外形小巧可愛，適合整顆烤製或切片炒煮。

胡桃南瓜(Butternut Pumpkin)
外皮光滑、味道香甜。可用於湯品、烘焙或燉煮料理。

羽衣甘藍(Kale)
富含纖維，適合作單獨水煮、或作為配菜煎、炸食用。

平價美食與異國料理

因為多元的文化歷史背景，在澳洲到處都找得到非常道地的異國美食。

出門旅遊除了住宿費外，飲食費也是一筆不可忽略的開銷，但若能了解當地實惠划算的食物，也可以花小錢吃飽飽。澳洲外來移民眾多，很容易便能吃到非常道地的異國料理，對台灣旅客而言，來澳洲也是能夠一次嘗遍異國料理的好機會。

炸魚和薯條(Fish & Chips)

這是澳洲人最愛的小吃，所以常可見到澳洲的小店在賣炸魚和薯條，通常一份約在$15澳幣，不過這類型餐廳，多半沒有提供座位，只有外帶服務。坐在路邊享受陽光和美食的遊客必須注意，在享受炸魚和薯條時，常會有許多海鳥圍繞在四周等著被餵食，千萬不要餵食，牠們可是會纏著你不放。

▲ 飯店的客房服務也可點道地的炸魚和薯條

連鎖速食店

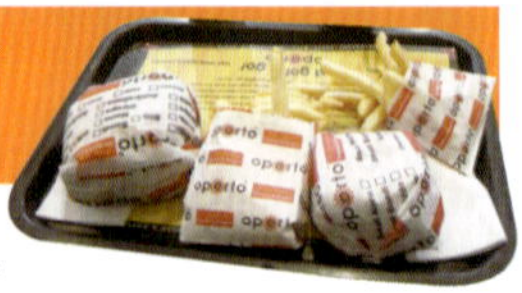

若預算有限，麥當勞、肯德基等連鎖速食店也是不錯的選擇，普通的套餐約$10～15澳幣。特別要推薦的是澳洲人開的Oporto速食店，是當地澳洲人非常喜歡的一間連鎖速食店，喜歡吃辣的朋友不妨試試辣味雞肉漢堡，滋味很棒。

▲ 澳洲當地知名速食店Oporto

豆知識
Hungry Jack's = Burger King

在澳洲街頭，常會看到漢堡王的標誌，但招牌上卻寫著「Hungry Jack's」，千萬別以為這是山寨版的漢堡王。其實Hungry Jack's和漢堡王是同一間公司，只是在澳洲註冊商標時，無法如願登記漢堡王，所以改名Hungry Jack's，旅客可以安心用餐，這家絕對是合格的速食連鎖店。

中東食物

在澳洲，最普遍的中東食物就屬Kebab了，類似台灣俗稱的「沙威瑪」或袋餅，是將烤肉和一些菜包裹在餅皮內，捲起來就可以吃了，不但方便攜帶價格也算便宜，每個在$10～15澳幣不等。

▲ Kebab中的配菜與醬料，客人可以根據喜愛的口味自行選擇

日韓料理

在澳洲，日式、韓式料理非常普遍，價位比中式料理略高一些，日本拉麵約$12～15澳幣，旋轉壽司每盤在$3～7澳幣。韓式料理則可選擇經濟實惠的石鍋拌飯、小火鍋，一份約為$20澳幣，但可以吃得很飽。

▲ 在澳洲，一樣可以吃到正統的日式豚骨拉麵

中式料理

澳洲各大城市都有華人居住，所以中式餐館也成為澳洲特色飲食之一。各式中式料理應有盡有，台灣便當、中國各省特色菜肴、廣東燒臘店、港式飲茶都能盡情享用，中式餐館提供午餐特惠價，一份簡餐價格約$15～20澳幣。

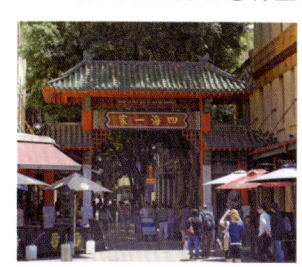

▲ 中國城提供口味道地、價格實惠的料理

泰式料理

泰式餐廳在澳洲走的是低價路線，稍微用點心很容易就能找到很實惠的特惠午餐，約$15～20澳幣，分量很大不用怕吃不飽，許多澳洲人也喜歡中午到泰式餐廳飽餐一頓。

▲ 泰式料理在澳洲是低價餐廳，價格實惠又美味

越南料理

澳洲有不少越南移民，因此越南河粉的專賣店很常見。除了招牌生牛肉河粉外，還有豬肉、雞肉等選擇，另外搭配越南春捲，一頓下來約$15～20澳幣，飽足又美味。

▲ 越南河粉也非常受到澳洲當地人的喜愛

貼心小提醒

BYO = Bring Your Own

若看見餐廳貼上BYO標語，表示客人可以自己帶酒進餐廳享用。但每家店規定不同，多數為免費，部分店家會酌收開瓶費$2～4澳幣不等。建議先與店家確認規則。

超市美食推薦

超市划算又好吃，教你如何挑選高CP值美食。

澳洲大型的超級市場有2家，一是Coles，一是Woolworths，在市區內很容易找得到，每天都會推出特價商品，包括水果類、麵包類，都是很方便隨身攜帶的果腹食物。ALDI則是一家走廉價路線的超市，只是市區內的分店不多，不是很好尋找，生鮮品的選擇也較少。高CP值的美食都在澳洲的超市裡，保證你會逛得欲罷不能。

▲ 澳洲最大連鎖超級市場之一的Coles

▲ 連鎖超級市場Woolworths

▲ ALDI是澳洲的廉價超市

烤鴨(Luv-a-Duck)

這一盒內有兩隻大鴨腿，解凍後抹上鹽巴後放入烤箱或氣炸鍋200度，正反兩面各烤10～15分鐘，將表皮烤至金黃色後把鴨腿肉撕碎，搭配著卷餅、黃瓜條，再抹上甜麵醬就是簡易版的北京烤鴨，皮酥肉嫩又方便。也可以使用微波爐加熱約3分鐘，搭配麵條，再額外煎顆蛋，簡易版的鴨肉麵就輕鬆上桌了。

大蒜麵包(La Famiglia Kitchen)

超市裡平凡不起眼的奶油大蒜麵包，其實是隱藏在貨架上的佳肴之一，將一片大蒜麵包放進烤箱或氣炸鍋裡，調整到適合的溫度後，將兩面烤成金黃色即可，跟大多數的大蒜麵包不同，La Famiglia Kitchen每片都有著超級多的大蒜，使用的奶油為純奶油非人造奶油，其中75%原料都來自澳洲，蒜味及奶香十分濃厚，外皮清脆、內部柔軟，口感富有彈性。

炸魚排 (Birds Eye Oven Bake)

　　澳洲經典的炸魚薯條在家也能吃到，Birds Eye出了一系列不同的炸魚排商品，其中檸檬款的十分清爽好吃！檸檬魚排有4種烹調方式：油炸、氣炸鍋、烤箱烘烤、平底鍋煎。使用烤箱及氣炸鍋最為省油。烤箱預熱至200度，烤15分鐘至兩面金黃即可享用。裡面包裹的不是魚漿而是完整的魚排，淡淡的檸檬香氣中和了油膩味，搭配黑胡椒或是番茄醬都十分美味。

蝦肉煎餃 (KB's Prawn Gyoza)

　　一包裡面大約有20顆，每個餃子裡有著滿滿的蝦肉和白菜、洋蔥等配料，雖是冷凍食品但十分美味，此款因為皮薄不適合水煮容易破掉，建議可以採用日式煎餃的料理方式，平底鍋倒入油後，用中火預熱，擺好餃子後單面煎至金黃色，加入清水至餃子的一半，蓋上鍋蓋讓鍋內的水煎至蒸發後，煎餃就完成了！超市時常有半價優惠，如果有特價一定要嘗看看。

烤豬肘 (Pork Knuckle)

　　Woolworths自家品牌推出的烤豬肘，味道及口感不輸給外面餐廳賣的，拆開包裝後，將豬肘上面的皮凍刮下來當作備用醬汁，再將豬肘均勻刷上食用油，豬肘本身已經有調味過了，如果是重口味的人可以在表皮抹上一些鹽巴，烤箱預熱至200度，烤30～40分鐘，中間記得翻一次面。外層酥脆且富有滿滿膠原蛋白、內層的肉多汁又入味，搭配上自製醬料及德國酸菜，就是正宗的德國豬肘大餐，深受許多人喜愛。

自家烤雞 (WWS / Coles)

　　超市自家做的烤雞可說是熱賣品，烤得恰到好處的雞肉不柴，裡面雞胸的部分也很嫩且富有湯汁，整隻雞調味很入味，買回去立即享用，美味又簡單的一餐就完成了！也可以買回家自己加工變成檸檬手撕雞：一勺蒜末、黑芝麻、辣椒粉、蔥花，再倒入熱油，接著加入一勺醬油、醋以及一勺蠔油製成醬汁，烤雞撕成絲後加入香菜、黃瓜、檸檬，再倒入醬汁攪拌均勻就完成了。在超市關門前烤雞如果還有剩餘的話，超市會有大打折，不到$5澳幣就可以帶回家。

牛排

　　澳洲自家超市的牛排不僅高品質又便宜，Short Rib為牛小排、Eye Fillet為菲力牛排、Sirloin為沙

朗牛排，這幾個部位都十分適合拿來烹煮為牛排食用。放在室溫10分鐘，用廚房紙巾吸乾牛排兩面的水分，抹上橄欖油鎖住肉汁，再抹上鹽巴及黑胡椒調味，平底鍋倒入油預熱至冒煙，放入牛排單面煎1分鐘，再轉成小火兩面各煎2分鐘，就是7分熟的牛排了，鍋裡剩餘的油還可以用來煎蔬菜搭配。

冷凍披薩

冷凍披薩選擇非常多樣，只需要用烤箱或微波爐加熱，若行程太晚結束，餐廳都打烊時，就可以當作宵夜，非常方便！特別推薦幾款：

■ **Ristorante的Pizza Pepperoni**：義式臘腸搭配火腿以及蘑菇，烤過之後香氣四溢，這家的起司也給的很多，味道濃郁，起司控必試。

■ **Cuisine的Meatlover無肉不歡披薩**：喜歡吃肉的朋友不要錯過此款，義式臘腸、香腸、培根、火腿、牛肉，搭配起司，滿滿的飽足感。

■ **McCain的BBQ Chicken&Pineapple披薩**：沾滿BBQ醬的雞肉搭配上酸酸甜甜的鳳梨，非常開胃解膩。

超市結帳步驟 Step by Step

澳洲的連鎖大型超市多採自助式結帳系統，不但精簡人力，也讓排隊時間縮短不少，非常便利。超市自助結帳機台大致分為「可收現金與信用卡」與「僅收信用卡」兩種，但結帳流程是一樣的。操作前先看清楚機台可否收取現金或僅收信用卡。

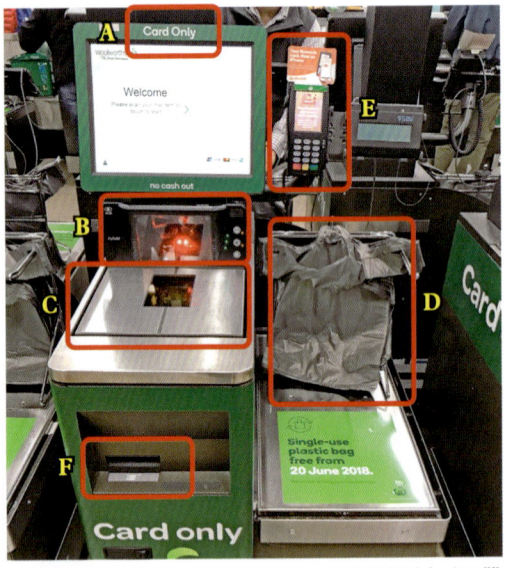

A.僅收信用卡標示 / B.掃描條碼處 / C.蔬果秤重台 / D.購物袋(免費使用) / E.刷卡機 / F.收據領取口

Step 1 掃描商品條碼

將商品條碼放置在掃描處，掃描完成後放進超市的購物袋中。

Step 2 確認已掃描的商品

A.正在掃描的品項 / **B.**目前已掃描的商品 / **C.**目前的總金額 / **D.**蔬果類選單 / **E.**麵包類選單

Step 3 選擇購買的蔬果／麵包的品項和數量

若購買生鮮蔬果或麵包，需在螢幕下方打開選單（見Step 2的圖例D&E），再從選單中選擇購買的項目及數量。此處以酪梨（Avocado）為例：

1. 點開「蔬果類」選單，會顯示常見項目（Popular），或可點選項目名稱首字母的頁面尋找。

2. 選擇酪梨。價格是按數量計算，直接輸入數量即可。若是需要秤重的蔬果，則要放置在蔬果秤重台上測量。

Step 4 結帳付款

確認購買品項後，按下右下角的Pay Now結帳。

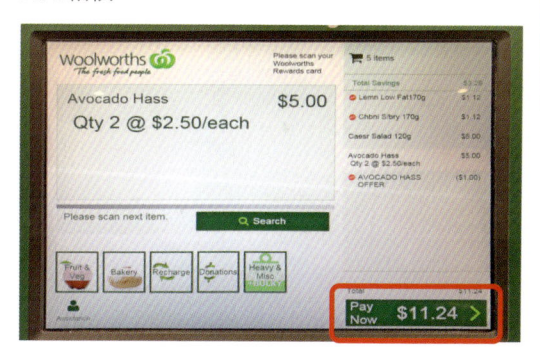

通常使用刷卡機結帳；若是以現金結帳時，身上有太多銅板不知道要怎麼花，可以一次把全部的銅板都投進去，讓機器自動計算。

A.信用卡刷卡處 / **B.**硬幣投入口 / **C.**紙鈔投插入口

Step 5 列印收據

建議選擇列印收據。記得別把商品忘在結帳檯！

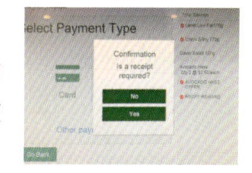

購物篇
Shopping

澳洲哪裡好逛？買什麼紀念品？

澳洲不是購物天堂，但是逛一逛當地市集常常會得到許多為之驚豔的樂趣，
有大型百貨公司、特色小市集及無尾熊、袋鼠等澳洲獨有產品，
讓人充滿尋寶的興奮與樂趣。

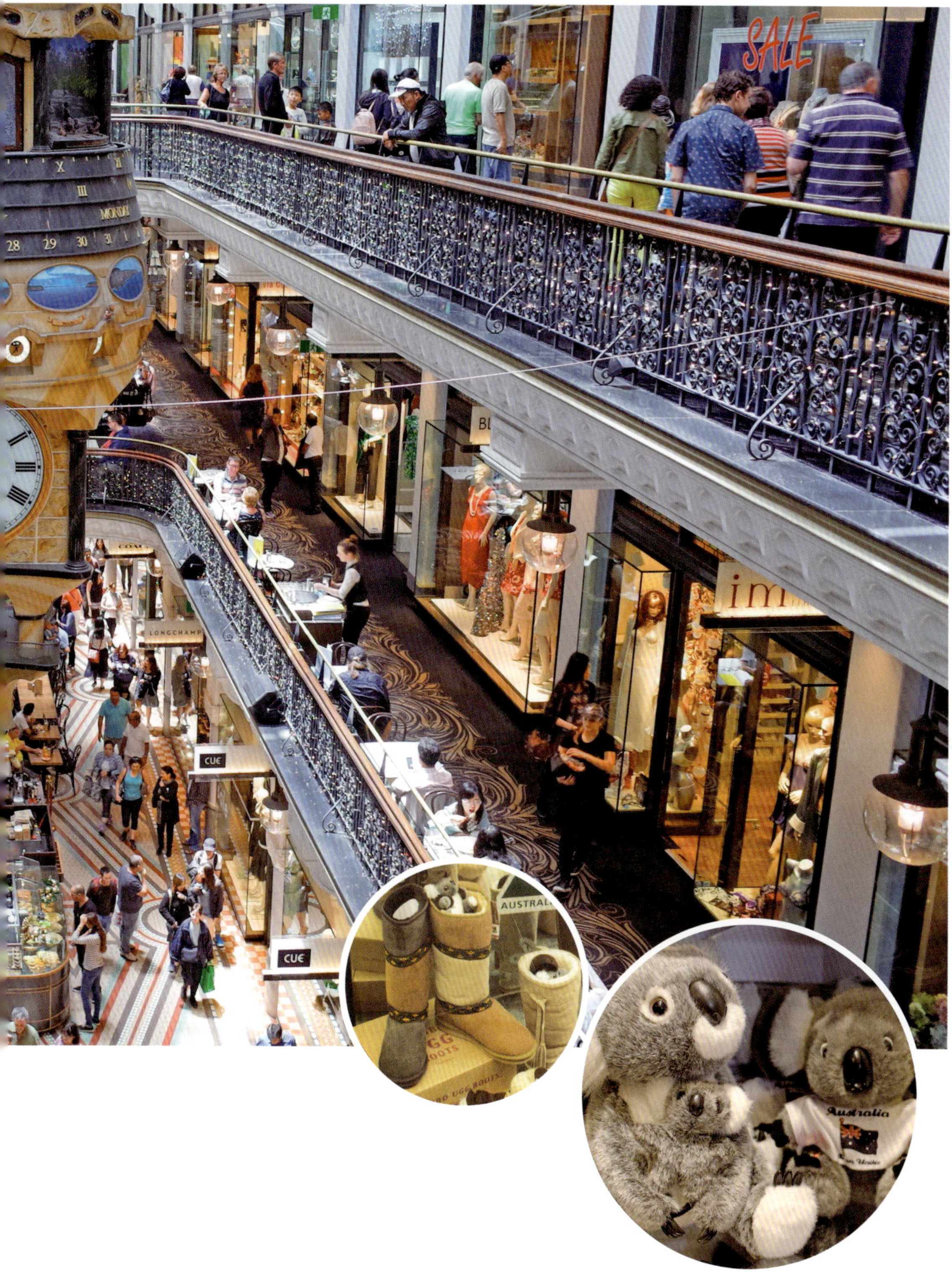
SALE
MONDAY
LONGCHAMP
CUE
CUE
Australia

澳洲特色名產

澳洲的綿羊舉世聞名，無尾熊、袋鼠更是澳洲獨有，到了澳洲，這是一定要買的啦！

協助攝影／雪梨春天免稅店

UGG雪靴

廣為流行的UGG雪靴，成為前來澳洲一遊的必買產品。由羊皮製成，內裡以羊毛包裹，鬆軟保暖。看到琳瑯滿目的UGG雪靴，常有人會衝動購買，但要提醒的是，應考慮回到台灣後的實穿性，一雙單價約在台幣3,000～5,000元不等。

蜂膠及保健食品

澳洲蜂膠種類豐富，免稅店內有蜂膠滴劑、膠囊、乳液、肥皂、牙膏等；保健食品如：維他命、魚油，健康食品知名品牌Blackmores，則可在一般超市或是藥妝店買到，建議先查詢物品的英文名稱，可以節省採購時間，還能降低買錯的風險。

協助攝影／雪梨春天免稅店

原住民特色商品

澳洲原住民擁有豐富的文化與音樂，色彩繽紛的圖騰也成為熱門澳洲紀念商品。迴力鏢(Boomerang)、特有樂器Didjer-idoo是令遊客愛不釋手。

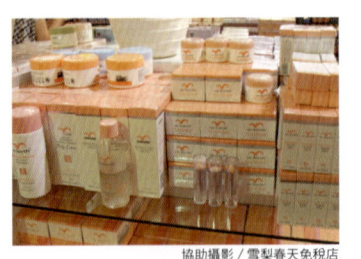

綿羊相關製品

澳洲畜牧業聞名，綿羊相關製品口碑極佳，綿羊油、羊毛被、羊毛衛生衣等，均受到遊客喜愛。若在市中心免稅店購買，建議仔細詢問產地來源。

澳洲獨有相關產品

無尾熊、袋鼠這2種可愛的動物是大家對澳洲的直接聯想，雖然沒辦法把牠們帶回家，但是隨處可以找到各式各樣、琳瑯滿目的相關商品。

手工製草帽：海倫卡明斯基
Helen Kaminski

澳洲品牌，受到許多國際名人喜愛，優雅的帽型和手工編織的特色，讓越來越多人為它著迷。雖然在世界各地均設有專櫃，但在澳洲定價較便宜，帽型也最齊全。定價從台幣6千到上萬元不等，採用馬達加斯加的植物拉菲亞(Raffia)手工編製而成，草帽的特點是可摺疊收納，但不變形。

http www.helenkaminski.com

澳洲出產保養品牌：茱莉蔻
Jurlique

茱莉蔻是1985年於澳洲誕生，現在已經成為世界知名的保養品牌，在台灣也設有專櫃，不過因為是澳洲本地品牌，通常售價也較台灣便宜，但購買前還是該注意匯率的變動。茱莉蔻的人氣商品護手霜和精華液是受到女性歡迎的伴手禮，購買前不妨先去店面試用看看。

http www.jurlique.com

色彩繽紛的居家服飾
peteralexander

澳洲設計師Peter Alexander所設計的睡衣不但舒適更色彩繽紛，即使是大人的睡衣也增添了童趣。目前僅於澳洲和紐西蘭開設分店，有機會造訪澳洲的遊客，不要忘記去逛逛這間有趣的居家服飾店。

http www.peteralexander.com.au

澳洲本地輕奢品牌
Oroton

澳洲手袋品牌Oroton已有84年歷史，由Boyd Land在1938年成立，當時他是歐洲高級面料的進口商，對質感要求十分嚴格，初期以編織金屬網眼材質作為晚宴包而大受歡迎。設計簡潔俐落、質感高雅精緻、價格平易近人，深受喜歡。

http oroton.com

丹麥珠寶品牌：潘朵拉
Pandora

針對不同國家推出限定款式、與知名品牌及人物聯名商品(如：哈利波特、漫威、迪士尼等)。澳洲是全球購買潘多拉最便宜的國家之一，來到澳洲一定要帶一串屬於自己獨一無二的潘朵拉當作紀念品。

http au.pandora.net/en

設計簡潔的保養品牌
Aesop

Aesop在台灣設有專櫃，是旅客較不陌生的澳洲品牌。店面和產品瓶身簡潔的設計，讓人印象深刻。其產品採全球統一價格，是否在澳洲當地購買會較便宜？可能還是得看當時匯率而定。

http www.aesop.com/au

人手一支木瓜霜
Lucas' Papaw Ointment

木瓜霜是近幾年去澳洲旅遊必買的聖品，可用於曬傷、蚊蟲咬傷、皮膚乾裂等多種用途上。價格相當實惠，因此常被當作伴手禮。市區的紀念品店、藥妝店或機場的商店內都可買到。

http lucaspapaw.com.au

起源於澳洲的衝浪品牌
Quiksilver、Roxy

衝浪和水上活動在澳洲非常盛行，海灘旁也可見到許多源自澳洲的運動品牌店家，如世界知名的Quiksilver、Roxy。除了泳衣和衝浪用具外，也有完備的滑雪相關用具，深受年輕人的喜愛。

http www.quiksilver.com

來自世界各地的茶葉
T2

T2是澳洲的茶類品牌，販售世界各地特選茶葉，在全球有超過65間店鋪。店面還設有茶具區，屬於中偏高價位。產品包裝簡潔有力，以橘色為底色，非常搶眼，在機場的免稅店也有販售。

http www.t2tea.com

澳洲天然有機護膚品牌
sukin

sukin標榜其產品皆為天然有機成分，也是各大藥妝店常見的品牌。明星商品有玫瑰果油和排毒保濕面膜，由於澳洲氣候與台灣差異大，保養品的質地大多偏油，建議先行試用後再決定是否購買。

http sukinorganics.com

購物篇

世界頂級的澳洲夏威夷果
Macadamia

Macadamia又名澳洲堅果、澳洲胡桃、夏威夷火山豆等，有著千果之王的稱號，被譽為世界上品質最佳的食用堅果之一。原產地為澳洲，美國人引進至夏威夷後開始大規模商業化種植，因此讓人誤以為是夏威夷特產。

澳洲文創商店
TYPO

販賣各種可愛、稀奇古怪的文具及居家用品，其中種類最豐富的就是筆記本，尺寸、款式齊全，還常跟不同的卡通、品牌聯名，如飛天小女警、Ricky and Morty等，產品有特色且價格平易近人，喜歡逛文具及家居小物的旅客不要錯過。

澳洲純植物精華煉製保養品牌
Natio

在各大藥妝店和賣場都很常見，是澳洲家喻戶曉的保養品牌，最知名產品是香薰甘菊玫瑰爽膚水(Rosewater and Chamomile Gentle Skin Toner)，台灣的美妝節目中曾經介紹過，掀起一陣風潮。

http www.natio.com.au

星期四農莊精油
Thursday Plantation

澳洲知名老字號有機精油品牌，在澳洲擁有自己的茶樹莊園，除了有茶樹、薰衣草、薄荷、尤加利等精油外，也有許多精油製成的護膚和美容產品。在藥局與各大超市都可以輕鬆購入。

http thursdayplantation.com.au

專護乾燥和敏感肌膚
QV

QV是一個澳洲的知名護膚品牌，成立於1953年，由一位化學家與澳洲Queen Victoria醫院共同研發創立。其產品特點為專注乾燥和敏感肌膚護理。性質溫和的QV潤膚沐浴油，特別適合氣候乾燥的澳洲，因此廣受歡迎。

薑汁汽水
Bundaberg

澳洲的知名飲料品牌，品牌名稱源自澳洲昆士蘭州的班德堡(Bundaberg)地區，以其獨特的薑汁汽水聞名。這款飲品在澳洲極受歡迎，現在它已是澳洲飲品文化的重要代表之一。

開始在澳洲 So Easy! 自助旅行 114

澳洲防癌協會出產的防曬品
Cancer Council

澳洲紫外線非常強烈，對於預防紫外線的防曬商品要求十分嚴格，澳洲防癌協會(Cancer Council)連續多年成為澳洲防曬品牌的銷量冠軍，並獲得澳洲TGA藥品管理局認證，質感薄透，敏感肌膚也適用。

http www.cancer.org.au

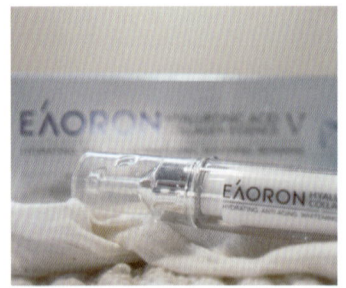

水光針護膚品牌
EAORON

澳洲知名護膚品牌，於2014年研發了澳洲首款塗抹式水光針，引發全球塗抹式水光針的熱潮，更榮獲2016年澳洲護膚單品出口銷量冠軍。之後相繼推出了洗面乳、素顏霜、水光面膜等多項護膚產品。

http eaoron.com.au

羊奶皂
Goat Soap

創辦人因為心疼小孩長期受濕疹及過敏困擾，而開發出此款純天然清潔香皂，採用純天然羊奶製成，寶寶、孕婦及敏感性肌膚都適用。能防止皮膚乾裂、濕疹和皮膚炎，成分溫和可用於臉部及身體。

http goatisgoat.com

行家祕技　便宜藥妝哪裡買？

Chemist Warehouse

澳洲目前最大的連鎖藥局，除了有藥劑師負責處方藥外，還販售種類齊全的維他命和美妝商品。若想要購買便宜的維他命，來Chemist - Warehouse準沒錯，有不懂的地方還可以請教專業的藥劑師。

http www.chemistwarehouse.com.au

Priceline Pharmacy

類似台灣的屈臣氏和康是美，店內有種類齊全的美妝商品，許多在Chemist Warehouse買不到的美妝產品都可以在這裡找到。開架美妝品大多提供試用，澳洲與台灣氣候差異頗大，建議購買前先實際試用看看。

http www.priceline.com.au

超市注目商品

特色的人氣小零食，是與親朋好友分享的伴手好物。快來看看大家在超市都掃些什麼貨！

超省時早餐營養奶 Up&Go

Up&Go公司在1998年研發出了一款液體早餐：早餐營養奶。堅持選用澳洲精選原物料，純植物配方，富含蛋白質、鈣、膳食纖維及日常所需的營養素和礦物質，是非常便捷的早餐選擇。

濃郁奶香月亮冰淇淋 Connoisseur

由於外包裝有月亮圖案，也稱它「月亮冰」。有多種口味，其中最推薦的有焦糖夏威夷果仁、蜂蜜焦糖夏威夷果仁、比利時巧克力、抹茶和草莓等。含有澳洲自產的鮮奶油，奶味十分濃厚。

百年歷史全穀麥片 Weet-Bix

一款源自澳洲的塊狀全穀早餐麥片，於1928年首次推出，至今已有近百年的歷史。可以搭配牛奶、植物奶或優格食用，也可以添加水果、堅果等，增添風味和營養。

天然美味的水果軟糖
The Natural Confectionery Co.

口感Q彈有嚼勁不黏牙，深受小朋友喜愛。別看它的軟糖五顏六色，全是從天然水果及蔬菜萃取的色素，不添加人工色素及香料。

超過150年歷史的餅乾品牌
Arnott's

選用澳洲當地生產的高品質原料，旗下餅乾種類十分多樣，如Tim Tame、Shapes、Tiny Teddy等。Shapes是使用烤箱慢慢烘烤製成，使用南澳的自然乾海鹽，吃得開心又放心，Pizza及BBQ口味最暢銷。

澳洲人氣伴手禮：袋鼠餅乾
Jumpy's

不只外包裝有袋鼠圖案，連餅乾本身也是立體袋鼠造型。歡樂包內含3種口味：原味海鹽、雞汁、鹽巴酸醋，共10小包。餅乾又薄又脆，表面沒有太多調味粉，但味道十分美味，吃起來相當上癮。

全麥穀物洋芋片餅乾
Grain Waves

不含色素、香料及防腐劑，使用65%全麥穀物製成，比市售洋芋片脂肪含量低30%，口感香酥，不遜於普通洋芋片。奶焗香蔥口味多了一層酸酸鹹鹹的味道；甜辣口味吃起來不會太辣，反而提升了層次。

必買的人氣巧克力餅乾
TimTam

澳洲著名的巧克力餅乾，有許多不同口味，一包5片的小包裝適合嘗鮮或送人。在澳洲兩大超市Woolworths和Coles常有特價，經過時記得進去看看，會有意想不到的優惠價格。

澳洲洋芋片品牌
Red Rock Deli

在澳洲的超市千萬不要錯過Red Rock Deli洋芋片，口感涮嘴，除了有許多台灣沒見過的口味之外，還有健康取向的玉米片、米果片，是大人小孩都喜歡的零食。

無尾熊造型食品

無尾熊是澳洲特有寶貝，旅行的路上不難看見各種無尾熊造型的產品。除了一般常見的無尾熊造型餅乾、巧克力，還可以在超市找到無尾熊造型的義大利麵，是非常具有特色的伴手禮。

營養有機穀物棒

澳洲的有機農產品相當知名，逛超市時常可以看見琳瑯滿目的有機穀物棒，有多種口味可以選擇，價格也十分親民。穀物棒相當扎實，小小一個卻很有飽足感，適合隨身帶著或當成健康的下午茶享用。

價格實惠的茶包

超市除了提供種類眾多的茶包外，英國知名的唐寧茶（TWININGS），在澳洲售價便宜，商品售價是台灣的一半。橘色包裝的澳洲下午茶口味，屬於濃茶，是許多遊客必買紀念品之一。

鬆餅粉

罐裝的鬆餅粉只需要加水搖勻後，即可下鍋，輕鬆煎出好吃的鬆餅，而且剛好是一個家庭的分量，非常方便。

各式奶油起司

在澳洲的超市可見到各種不同口味的奶油起司，也可找到多種口味搭配的組合。奶油起司可以當抹醬與餅乾、麵包搭配，或佐紅白酒享用。起司須冷藏保存，常溫下容易變質需特別注意。

新鮮優格

澳洲的乳製品相當知名，除了起司外，優格也是不可錯過的乳製品之一。優格口味濃郁且種類非常眾多，除原味外大多為水果口味。除了有經濟實惠的大包裝家庭號外，也有方便單次享用的小包裝可選擇。

預防乾燥的滋潤乳液

澳洲氣候乾燥，許多人因此有皮膚過乾的困擾，市面上可看到許多針對乾性肌膚的乳液，十分保濕但較為油膩。欲購買的遊客應先自行評估膚質，以及在台灣使用的狀況，畢竟台灣氣候潮濕環境不同。

機場伴手禮購買建議

針對機場提供最佳購買指標，幫你節省時間，精準掃貨！

Tim Tam巧克力餅乾

- **推薦原因**：由兩塊巧克力餅乾夾著絲滑巧克力奶油，外層再包裹一層巧克力，形成酥脆與濃郁滑順的完美結合，其獨特的口感是許多市售巧克力餅乾無法比擬的。
- **購買建議**：送禮建議購買機場的獨立包裝版，適合大家一起分享。自己吃則可以在一般超市有特價時購買，價格更划算。

T2茶葉禮盒

- **推薦原因**：口味豐富，從果茶、花茶到濃茶都有，還有如墨爾本早餐茶等特色風味，滿足多樣需求，適合各種年齡層。
- **購買建議**：送禮首選為6小盒裝的禮盒版本，外觀精美，風味多樣。還可挑選鐵盒版，質感升級，更有誠意。

Penfold紅酒

- **推薦原因**：澳洲最知名的酒莊品牌，擁有180年歷史。與傳統歐洲酒莊多以單一產區、單一葡萄園釀酒不同，Penfolds強調多產區、多品種混釀，從不同葡萄園選取最優質的葡萄進行調配，確保酒體穩定，品質始終如一。
- **購買建議**：預算有限可選擇入門款Bin系列，性價比高。機場提供專屬鐵盒包裝，美觀大方，攜帶安全。

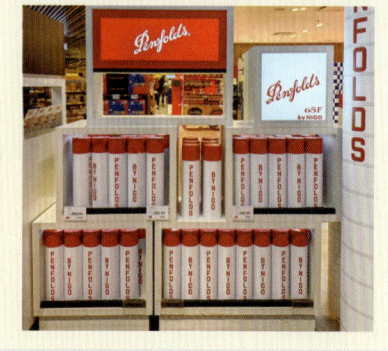

澳洲堅果(Macadamia)

■ **推薦原因**：Macadamia堅果原產於澳洲，含有極高的油脂，因此吃起來酥脆但不乾硬，入口後會慢慢化開，帶有絲滑細緻的奶油感，一吃就停不下來。

■ **購買建議**：傳統吃法適合購買帶殼款，附開殼器，適合聚會享用；零食派可選擇巧克力包裹版本，更容易接受；純粹享受可選擇無殼原味堅果，方便直接食用。

Koko Black手工巧克力

■ **推薦原因**：Koko Black是澳洲高端巧克力品牌，以純手工製作、高品質原料，以及豐富的口味聞名。其中有結合澳洲在地風味的澳洲堅果口味、塔斯馬尼亞蜂蜜口味等，都是適合作為伴手禮的選擇。

■ **購買建議**：喜歡創意驚喜感，可選擇九宮格禮盒，內有多種口味，像盲盒一樣有趣。經典款可選擇單口味小包裝，適合作為小禮物或自己享用。

Campos 咖啡豆

■ **推薦原因**：Campos Coffee成立於2002年，在Newtown的店是許多文青必訪景點，深綠色的咖啡杯有著極高的辨識度。他們的咖啡豆以高品質和濃郁的風味著稱，特別是招牌Superior，帶有紅醋栗、焦糖和巧克力牛奶的風味。

■ **購買建議**：機場店販賣的咖啡豆有3種重量可選，購買時也可以請咖啡店幫忙磨成咖啡粉，無論送禮還是自用都很適合。

羊駝毛相關製品

■ **推薦原因**：在機場的紀念品店內，常可見到來自本地牧場羊駝毛製成的各式商品，如柔軟保暖的圍巾、可愛療癒的羊駝娃娃，甚至還有大型展示公仔，吸睛又有趣。羊駝毛質地輕盈、不易起毛球，兼具實用與紀念價值。

■ **購買建議**：小型羊駝娃娃很適合送給有小孩的親友作伴手禮。體積小、可愛又不易損壞。

澳洲購物趣

雖然澳洲不是以購物天堂著稱，但具有當地色彩的市集反而更讓人有尋寶的樂趣。

墨爾本

維多利亞女王市場
Victoria Queen Market

墨爾本市內最大的傳統市場，販售的品項應有盡有，從蔬果、肉類、魚類、生活用品、當地特產都可以在這邊找到，市場內也依商品類型不同而劃分區塊展售，內部相當乾淨。若遊客想一窺當地人平時採購的地方，或採買當季時令的便宜蔬果，都可以到這邊來一探究竟。

➡ 搭乘路面電車至維多利亞女王市場站(Queen Victoria Market)下車

🕐 每週二、四、五06:00～15:00，週六06:00～16:00，週日09:00～16:00，週一、三公休

墨爾本中央購物中心
Melbourne Central

墨爾本最大的購物中心，有超過300間商店與餐廳，可以在此耗上一整天。購物中心內最有特色之處，是位於商場正中央保留的槍械製造工廠(Shot Tower)，這座工廠原本將遭到拆除的命運，後經多方爭取，列為不可拆除的古蹟名單。另外，商場內的大鐘，每到整點會以優雅的音樂報時一次。

➡ 市中心步行即達；搭乘大眾交通工具在墨爾本中央車站(Melbourne Central Station)，出站即達，火車站在購物中心地下層

🌐 www.melbournecentral.com.au

QV Melbourne

這是位在墨爾本市中心的一間複合式大型賣場，遊客想買的東西在這裡幾乎都找得到。有大型的超市Woolworths和賣場Big W，從吃的到生活用品、衣服應有盡有。賣場內還有各式各樣的餐廳及店鋪，選擇非常多樣，常常讓人在賣場裡面逛上半天。每週五特別延長營業時間到21:00(超市每日營業到23:00)，若一整天的行程結束後，還想回市區逛一逛，不妨選擇週五來此購物。

➡ 搭乘大眾交通工具在Lonsdale St.和Swanston St.交叉口下車

🌐 www.qv.com.au

雪梨

喬治街 George St.

　　雪梨最主要的購物街道為喬治街，沿路兩邊皆有琳瑯滿目的商店和餐廳林立，一直從中央車站(Central Station)開始到岩石區(TheRocks)，都是逛街的好地方。

➡ 沿路有中央車站(Central)、市政廳站(Town Hall)、Wynyard站，出站即達

QVB購物中心

　　QVB(Queen Victoria Building)是市中心以建築歷史悠久且唯美而知名的購物中心，整體是奢華的羅馬風格，有美麗的彩繪玻璃和百年復古電梯，推薦你一定要入內參觀。

➡ 市政廳站(Town Hall)出站即達

岩石區市集

　　位於岩石區(The Rocks)的週末市集，多半是販售自己做的手工藝品、畫作，有許多有趣的小東西，及新鮮的食品。可以找到具有雪梨當地特色的小紀念品，是值得一逛的市集！

🕐 每週六、日10:00～17:00

大型百貨公司

　　Myer和David Jones是澳洲的兩大主要百貨公司，在全國性較大型的購物區幾乎都可以看見這兩間百貨的蹤影。百貨公司的價位雖然較高，但有完善的換退貨機制，不用害怕買錯東西的風險。

皮特街 Pitt St.

　　皮特街與喬治街平行，其中從Market St.到King St.是繁華的高端購物區，皮特街購物中心(Pitt Street Mall)，擁有600多間品牌及旗艦店，中間的廣場上常有街頭藝人表演，每天都有絡繹不絕的人潮。

Strand Arcade購物中心

　　建於1891年，至今仍保留非常傳統的維多利亞建築風格，內部有多間知名設計師品牌，還有觀光客最喜歡的Haigh's巧克力及Jurlique化妝保養品。

➡ 市政廳站(Town Hall)出站，約步行10分鐘

西田百貨公司
Westfield

西田百貨是澳洲西田集團旗下的產業之一，不只是市區，許多郊區主要的車站旁都可見其蹤影。在西田百貨裡除了購物區，通常也設有餐廳和超市。雪梨市區的西田百貨公司每天營業至18:30，有計畫前往的旅客需掌控好時間。

➡ 從聖詹姆斯站(St. James)步行約2分鐘；市政廳站(Town Hall)步行約8分鐘

派迪斯市集
Paddy's Markets

派迪斯市集位於雪梨Market City的1樓，鄰近中國城。市集內有販賣許多當地的小紀念品，是觀光客採購紀念品的好地方。市集每週一、二公休，營業日則開到18:00。市集樓上也有許多餐廳和小店，是當地年輕人經常流連的賣場。

➡ 從中央車站(Central)步行約5分鐘；市政廳站(Town Hall)步行約10分鐘

免稅店
DFS Galleria Sydney

除了機場，旅客在市區的免稅店也可持護照購買免稅品。若有去岩石區觀光的旅客可順道逛逛。該注意的是，部分免稅店商品定價高，就算是免稅過後也可能比其他商店來的貴，建議購買高單價商品時多比較價格。

➡ 從環形碼頭(Circular Quay)步行約10分鐘

伯肯黑德角購物中心
Birkenhead Point Outlet Centre

距雪梨市中心約5公里，靠近海邊，景色優美，多達140家精品進駐，除了有優惠折扣，還能在碼頭休息室用餐，欣賞海港美景。

➡ 從環形碼頭(Circular Quay)或達林港(Darling Harbour)搭乘渡輪Shopper Hopper，約20分鐘抵達

暢貨中心Outlet

雪梨的暢貨中心DFO(Direct Factory Outlets)距離市中心有一段距離，需搭乘火車再轉乘公車。暢貨中心的商品便宜，但非當季且尺寸不齊，若旅客在雪梨停留時間有限不建議前往。

➡ 搭火車至Strathfield站後轉乘公車525或526，公車班次較少，最好事先查詢時間表

藥妝店

Priceline是全國連鎖的藥妝店，販售藥妝產品與保健食品。法國連鎖的化妝品店絲芙蘭(Sephora)也在雪梨展店，部分品牌台灣尚未販售，對美妝有興趣的旅客不妨去看看。

Sophora PITT STREET MALL
✉ 160 Pitt Street Mall, Sydney NSW 2000

購物須知

學習購物須知和技巧，順便了解當地的消費習慣和風俗民情。

商店營業時間

基本上只要過了19:00，除了超市和餐廳外，已經沒有其他商店可逛，且大部分的商店週日都不營業，或是會提早打烊，建議先在網路上查詢營業時間，才不致白跑一趟。

■ 市中心百貨公司營業時間：09:00～19:00，雪梨週四晚上延長1小時
■ 一般商店營業時間：09:00～18:00或19:00
■ 一般餐廳打烊時間：21:00或22:00

折扣季

澳洲最熱鬧的折扣季當屬聖誕節期間，從12月開始，商家便會推出各種折扣優惠來吸引人潮，12月26日是折扣季的高峰，是一年中折扣最低的一天，稱為「節禮日」（Boxing Day）。百貨公司在這一天會特別提早營業，許多人一大早就已出門搶購，若計畫在聖誕期間到澳洲旅遊，不妨去湊湊熱鬧。

消費習慣

電子支付非常普遍，澳洲人無論到餐廳吃飯、逛街購物，甚至是買杯咖啡，經常使用金融卡（debit card）或信用卡付帳。現金最好用的是$20澳幣紙鈔面額以下為主，$100的紙鈔除了很難找開之外，找零還得算清楚，以免對方找錯金額，使用時需特別注意。

記得攜帶購物袋

為響應環保，多數商店（包含超市）已經不提供免費的塑膠袋，而是在結帳區或是櫃檯附近販售環保袋。建議出門時隨身攜帶一個環保袋，以備不時之需。

硬幣2塊錢的尺寸比1塊錢還要小

在澳洲，2塊錢的硬幣尺寸竟然比1塊錢硬幣還要小一些，但是厚度則是2塊錢的比較厚。付錢和找零時需特別注意，以免拿錯。

退稅需至旅客退稅中心(Tourist Refund Scheme，簡稱TRS)辦理。

如何退稅

退稅需至旅客退稅中心（Tourist Refund Scheme，簡稱TRS）辦理，為方便辦理退稅，欲向海關檢查申報退稅的商品，建議全部收納在可攜帶上機的手提行李內。

退稅條件

須同時符合以下條件，才能辦理退稅：
- 有包含服務稅（GST）的商品。
- 離境澳洲前60天內所購買之商品。
- 總金額達到$300澳幣或以上的商品（須在同一間商店購買，但可多張收據累計）。若在連鎖店消費，只要收據上的ANB碼（Australian Business Number）相同，也可一起累計。

哪些物品可以退稅

大部分可攜帶出境的物品都可退稅，包括衣服、鞋子、首飾、電器用品、紀念品等。不能退稅的商品有啤酒、烈酒和菸草產品，建議至機場免稅店購買，另外，某些保健食品不算在GST的範疇內，無法申請退稅，結帳時需留意。已使用過的物品，如已拆封的巧克力、香水等，也不能退稅。

有效發票才能退稅

要注意所拿到的發票是否為「稅務發票」，而非一般收據。稅務發票上一定會有以下資訊：
- 「Tax Invoice」的字樣
- 商家名稱
- 商家的澳洲商業代碼（Australian Business Number，簡稱ABN）
- 商品總價，包括商品價格和服務稅金額（GST）
- 商品描述及購買的日期
- 金額達$1,000澳幣或以上的稅務發票，發票上須有買家的姓名和地址

如何取得退稅稅款

有3種方式可取得退回的稅款。選擇信用卡和澳洲銀行帳戶會比較快收到，約需5個工作日，若要求支票，則需15個工作日。不提供現金領取服務。
- 旅客所選定的信用卡
- 澳洲銀行帳戶
- 各種貨幣的退款支票

詳情可參考澳洲官方退稅相關頁面：www.ato.gov.au/Business/GST/In-detail/Your-industry/Travel-and-tourism，點選「GST-free sales to travellers departing Australia」→「Tourist refund scheme」。

TRS離境退稅APP

澳洲目前推出TRS（Tourist Refund Scheme）官方的APP，有中文版，操作容易，可事先輸入要退稅的物品資料，減少機場退稅的排隊時間。

使用方式

開啟TRS的APP，填寫欲退稅物品的資訊，資料上傳完成後會產生一個QRcode，前往機場退稅櫃檯時，只要出示QRcode、護照、登機證明，即可辦理退稅。

請注意 每支手機最多只能登錄10張發票，並產生一個QRcode，若超過10張發票要辦理退稅，則需透過網頁版登錄訊息。

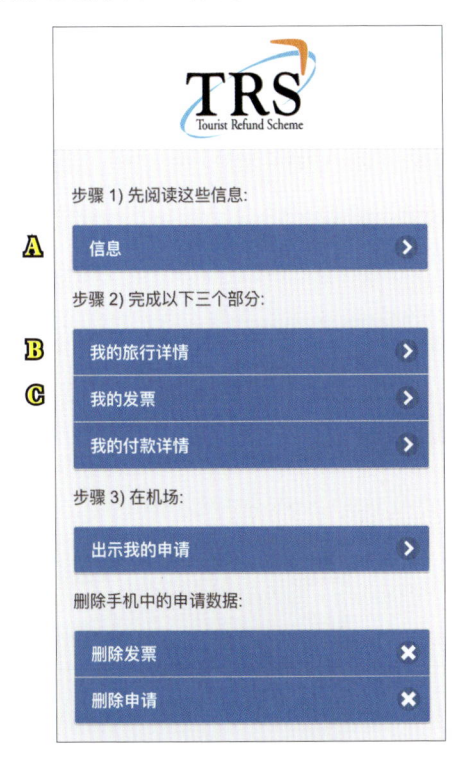

TRS APP使用步驟 Step by Step

Step 1 下載TRS APP

下載後先點選「信息」（左圖 **A**），閱讀退稅相關資訊，確認自己有符合退稅資格。

Step 2 填寫個人資料

點選「我的旅行詳情」（左圖 **B**），填寫護照號碼、離境日期，護照簽發國家請選「其他」。

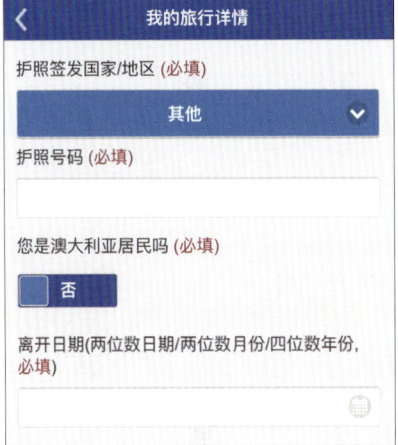

Step 3 上傳發票

點選「我的發票」（左圖 **C**），選擇右上角的「＋」新增發票。

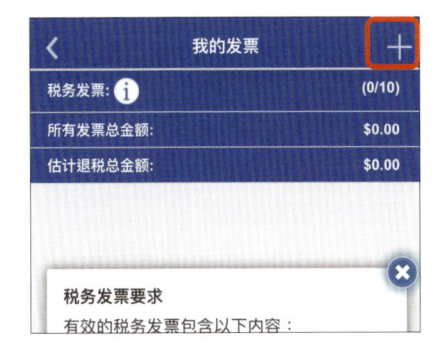

Step 4 輸入發票資料

填寫發票上的ABN、號碼、發票日期後，點選「我的發票項目」（下圖 D），選擇該商品類別與金額，填寫後按「添加」（下圖 E）。

Step 5 選擇退款方式

點選「我的付款詳情」（下圖 F），填寫退款方式，一般會建議選擇信用卡（下圖 G）退款（Amex、JCB、VISA、MASTERCARD）。

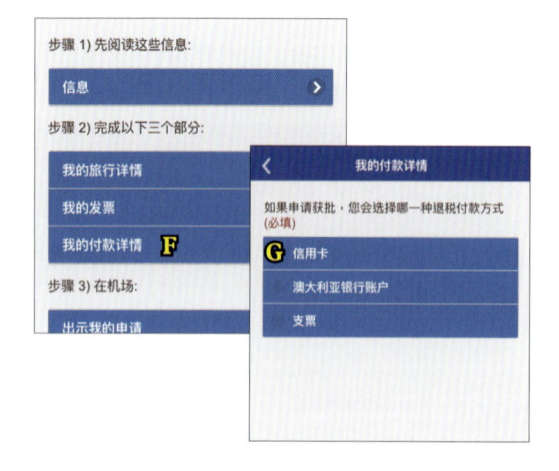

Step 6 逐一登錄發票

重複Step.4～Step.5，直到所有欲退稅的項目皆登錄完成後，點選「出示我的申請」（右圖 H），確認資訊無誤後，點選「我同意」，就會生成QR code，前往機場退稅櫃檯時，出示此QR code進行檢查。

機場TRS退稅步驟 Step by Step

離境前別忘了去TRS退稅中心辦理退稅，在雪梨國際機場退稅有2種方式，一為「僅限託運的退稅物品」，像綿羊油、香水及不可帶上飛機的各種液態乳狀類物品，另一為「可帶上飛機的退稅物品」。

僅限託運的退稅物品

Step 1 找到海關辦公室

抵達雪梨國際機場後，先至「入境」樓層(Arrival Level1)尋找商店號碼A18，這是海關辦

公室(**Australian Customs & Quarantine**)，進去後，直接至櫃檯辦理退稅手續。

Step 2 出示護照及退稅物品收據
海關人員會查看購買物品時的收據，以及行李箱內的免稅品，檢查後在收據上蓋上「TRS」印章。

Step 3 託運行李
有些海關人員會與你一起到航空公司託運行李櫃檯，因為他們要確認你的退稅物品是否真的會離境澳洲。

Step 4 入海關後找TRS退稅中心
託運完行李、經過「護照檢證移民署」後，根據指標找尋TRS退稅中心，拿著剛才蓋過章的收據進行退稅程序。

貼心 小提醒

旅客退稅中心

通過出境的移民署護照檢驗、搭機前安全檢查後，就會經過許多免稅商店，接著只要注意沿路的告示牌，直走右手邊從商店號碼B24a與B25之間彎進去的走道，即可看見TRS辦公室的指標，位於公共廁所的正對面。只要仔細留意告示看板，並不會太難找。

可攜帶上機的退稅物品

可攜帶上飛機的退稅物品過程比較簡單，只要按照一般離境程序，在入海關後，尋找TRS退稅中心，出示你要退稅的物品及收據與護照即可。

應用英語ABC

應用單字

特價	(on) Sale
售完	Sold out
收據	Receipt
折扣	Discount
退稅	Tax refund
試衣間	Fitting room
會員卡	Member card
紀念品	Souvenir
禮物	Present
綿羊油	Lanolin Oil
蜂膠	Propolis
化妝水	Toner
乳液	Lotion
精油	Ethereal Oil
維他命	Vitamine

實用會話

我可以試穿嗎？
Can I try this on?

買二送一
Buy 2 get 1 free.

這個多少錢？
How much is this?

我要買這個。
I will take this.

我考慮一下。
I will think about it.

只是隨意看看。
I'm just browsing.

這件商品有折扣嗎？
Is there any discount for this product?

這雙鞋有其他顏色嗎？
Is there other color for this pair of shoes?

我可以試看看較大(較小)尺碼的嗎？
Can I try larger (smaller) size?

我要用現金／信用卡付款。
I will pay by cash / credit card.

你可以給我一張讓我能夠退稅的收據嗎？
Can you give me the receipt which I can apply for my tax refund?

玩樂篇
Sightseeing

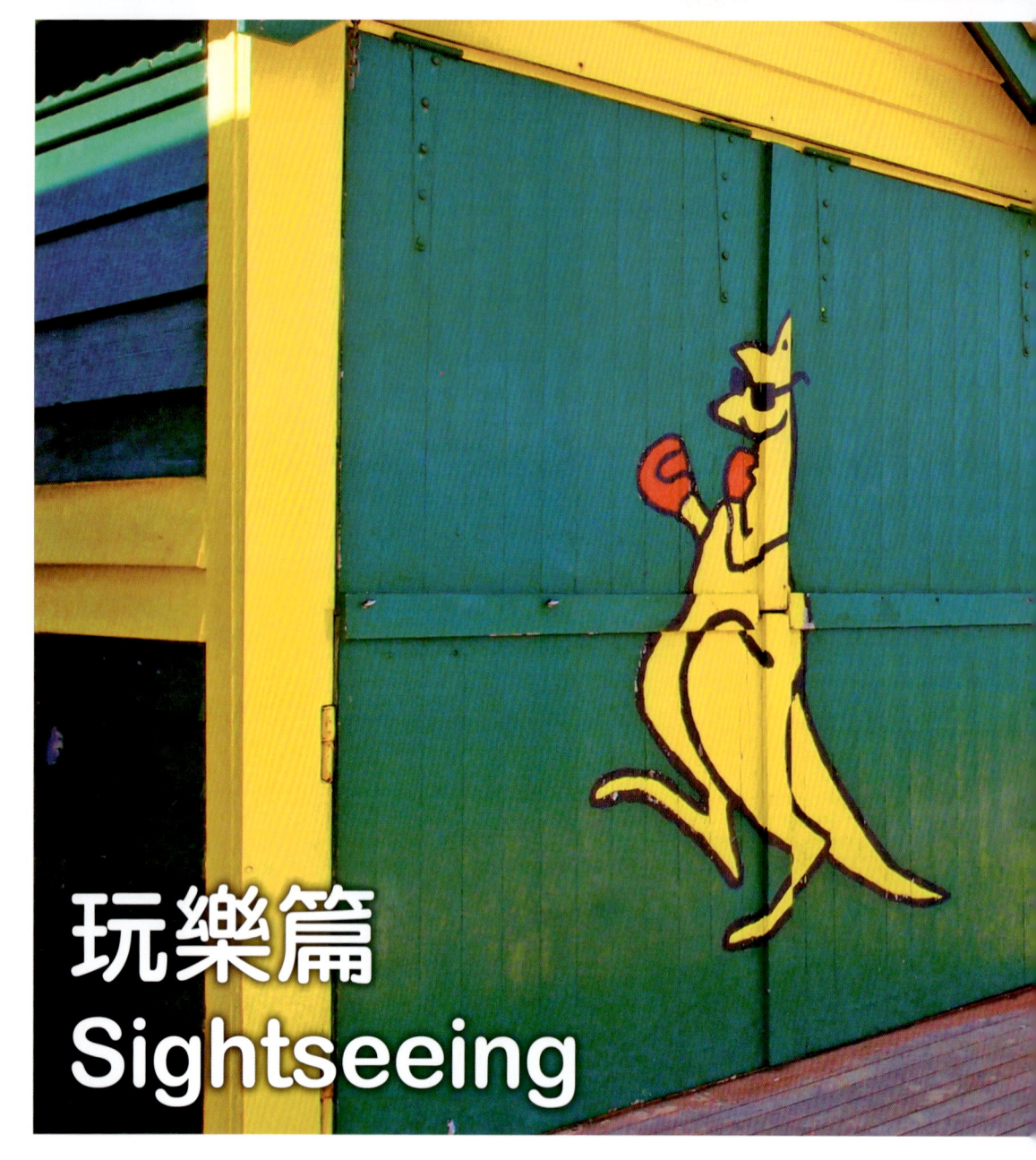

澳洲,哪裡最好玩?

澳洲地大物博,人文景觀極具特色,值得深度旅遊。本章節將提供澳洲四大城市——雪梨、墨爾本、布里斯本、伯斯近郊的必去景點,並提供實用的旅遊資訊網站,出發前往澳洲之前,就可以做好旅遊規畫。

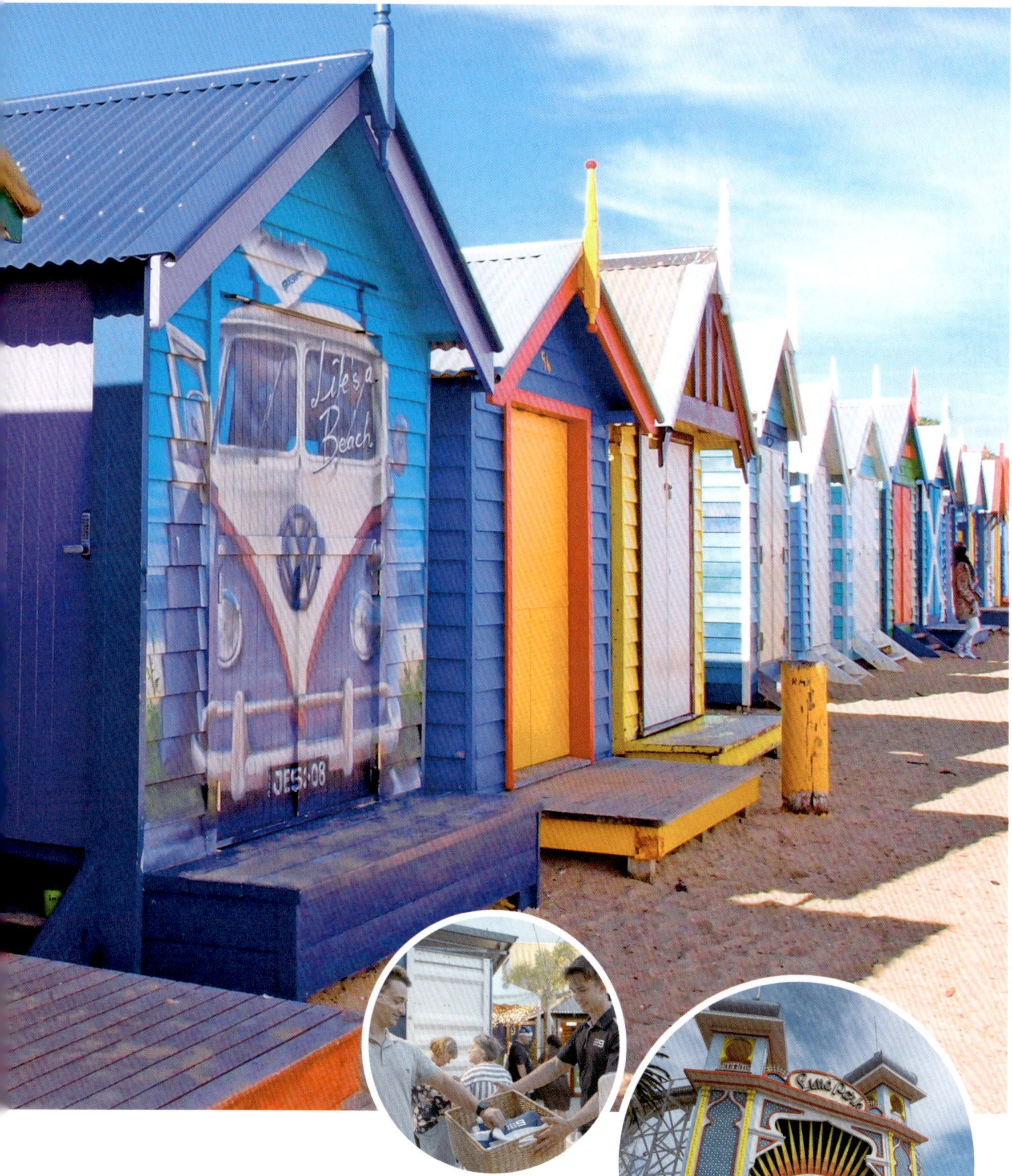
Life's a Beach
JES 08
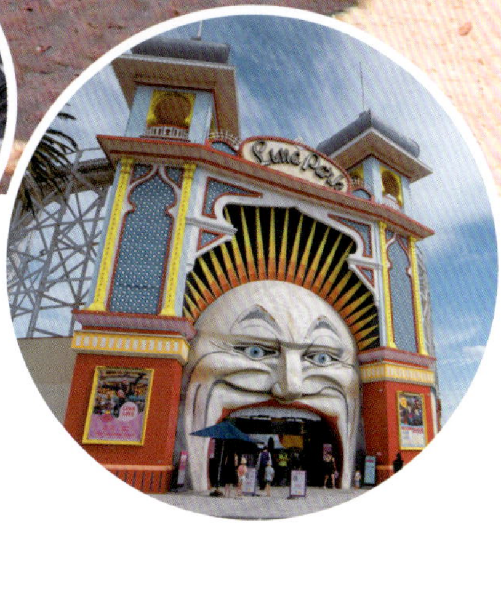
Luna Park

行程規畫

大老遠來到澳洲，若時間充裕，不妨一次拜訪兩個城市。

雙城7日遊

經典大都市：雪梨、墨爾本

　　雪梨和墨爾本是澳洲兩大都市，但這兩個城市的氣氛截然不同。兩城市之間有許多國內航班通行，建議時間有限的旅客搭乘國內班機，只需1.5小時即可抵達。

Day 1
台灣→雪梨 / ■遊玩重點：下榻飯店周圍 / ■住宿：雪梨市區

Day 2
雪梨 / ■遊玩重點：上午：雪梨歌劇院、港灣大橋、岩石區；下午：從環形碼頭搭乘渡輪前往塔朗加動物園 / ■住宿：雪梨市區

Day 3
雪梨 / ■遊玩重點：上午：邦代海灘；下午：喬治街逛街、達林港；晚間：達林港欣賞美麗夜景 / ■住宿：雪梨市區

Day 4
雪梨→墨爾本(可搭乘國內航班)

Day 5
墨爾本 / ■遊玩重點：從費蓮達火車站開始，參觀聯邦廣場、市政廳、維多利亞州立圖書館，傍晚至雅拉河畔享用晚餐 / ■住宿：墨爾本市區

Day 6
墨爾本 / ■遊玩重點：參加1日遊行程，去大洋路看看壯觀的十二門徒石；或是菲利浦島旅遊團，會會可愛的神仙小企鵝 / ■住宿：墨爾本市區

Day 7
墨爾本→台灣

拜訪澳洲首都：坎培拉

若想把重點行程放在雪梨，但又想多玩一個城市，不妨選擇可當日來回的坎培拉。坎培拉是澳洲的首都，雖不如其他城市熱鬧，但可入內參觀的國會和戰爭紀念館都很值得一看。

Day 1
■台灣→雪梨／■遊玩重點：下榻飯店周圍／■住宿：雪梨市區

Day 2
■雪梨／■遊玩重點：上午：雪梨歌劇院、港灣大橋、岩石區；下午：從環形碼頭搭乘渡輪前往塔朗加動物園／■住宿：雪梨市區

Day 3
■雪梨／■遊玩重點：上午：魚市場大啖新鮮海鮮；下午：海德公園、邦代海灘／■住宿：雪梨市區

Day 4
■雪梨→坎培拉→雪梨／■遊玩重點：參加坎培拉1日遊行程，造訪伯利格里芬湖、國家首都展覽館、澳洲國會大廈、澳洲戰爭紀念館／■住宿：雪梨市區

Day 5
■雪梨近郊／■遊玩重點：藍山國家公園1日遊／■住宿：雪梨市區

Day 6
■雪梨／■遊玩重點：上午：雪梨塔；下午：到喬治街、中國城購物(把紀念品買齊)；晚間：達林港欣賞美麗夜景兼用餐／■住宿：雪梨市區

Day 7
■雪梨→台灣

遊樂園天堂：布里斯本、黃金海岸

布里斯本是個小巧的城市，鄰近的黃金海岸則是澳洲人國內度假的首選之一。在行程規畫上不妨將這兩處安排在一起，交通上也很方便，搭乘火車約2小時即可抵達。

Day 1
■台灣→布里斯本／■遊玩重點：下榻飯店周圍／■住宿：布里斯本市區

Day 2
■布里斯本／■遊玩重點：龍柏無尾熊動物園、紀念神殿、市政府鐘樓；晚上逛貨櫃夜市／■住宿：布里斯本市區

Day 3
■布里斯本／■遊玩重點：故事橋、南岸公園、皇后街購物；晚上在庫薩山(Mt. Coot-Tha)欣賞夜景／■住宿：布里斯本市區

Day 4
■布里斯本→黃金海岸／■遊玩重點：鵜鶘餵食秀、衝浪者天堂、天頂瞭望台／■住宿：黃金海岸市區

Day 5
■黃金海岸／■遊玩重點：主題樂園夢幻世界／■住宿：黃金海岸市區

Day 6
■黃金海岸／■遊玩重點：主題樂園華納兄弟電影世界／■住宿：黃金海岸市區

Day 7
■黃金海岸→台灣

遺世獨立自然美景：
墨爾本、塔斯馬尼亞

塔斯馬尼亞是澳洲唯一的外島島嶼，島的形狀類似愛心，以自然美景、新鮮海產美食聞名，因人煙稀少所以自然環境保存相當良好，非常適合戶外旅遊的愛好者。從墨爾本前往最方便，國內飛機航班眾多，可以從朗瑟士敦或荷伯特前往。旅客多以自駕旅遊，或參加團體旅遊為主。自駕建議2人以上同行，輪流駕車以免疲勞駕駛。

朗瑟斯敦+荷伯特

Day 1
台灣→墨爾本／■遊玩重點：下榻飯店周圍／■住宿：墨爾本市區

Day 2
墨爾本→朗瑟士敦／■遊玩重點：激流峽谷／■住宿：朗瑟士敦市區

Day 3
朗瑟士敦／■遊玩重點：搖籃山聖克萊爾湖國家公園／■住宿：朗瑟士敦市區

Day 4
朗瑟士敦→荷伯特／■遊玩重點：羅斯小鎮／■住宿：荷伯特市區

Day 5
荷伯特／■遊玩重點：威靈頓山、荷伯特市區觀光／■住宿：荷伯特市區

Day 6
荷伯特→墨爾本／■遊玩重點：墨爾本市區觀光／■住宿：墨爾本市區

Day 7
墨爾本→台灣

荷伯特+布魯尼島

Day 1
台灣→墨爾本／■遊玩重點：下榻飯店周圍／■住宿：墨爾本市區

照片提供／Tourism Australia

Day 2
墨爾本→荷伯特／■遊玩重點：荷伯特市區周邊、威靈頓山、薩拉曼卡市集、憲法碼頭吃海鮮／■住宿：荷伯特市區

Day 3
荷伯特→布魯尼島／■遊玩重點：布魯尼島1日遊，The Neck觀景台欣賞布魯尼島風景、Get Shucked生蠔餐廳吃新鮮生蠔／■住宿：荷伯特市區

Day 4
荷伯特→亞瑟港監獄→墨爾本／■遊玩重點：遊覽世界文化遺產，搭乘渡輪欣賞海岸地形，搭飛機回到墨爾本／■住宿：墨爾本市區

Day 5
墨爾本→台灣

雪梨5日遊

雪梨經典行程

Day 1
下午下榻市區飯店。晚上至雪梨歌劇院外拍攝美麗夜景。

↓

Day 2
藍山國家公園1日遊。

↓

Day 3
皇家植物園、新南威爾斯博物館、雪梨歌劇院外散步，搭乘渡輪欣賞雪梨港灣大橋，在達林港下船後於港口附近享用晚餐和觀賞夜景。

↓

Day 4
塔朗加動物園(Taronga Zoo)1日遊。

↓

Day 5
出發去機場前可先購買一些小紀念品，若還有時間的話，別忘了到郵局寄張明信片給自己！

親子共遊行程

Day 1
下午下榻市區飯店。晚上可帶小朋友至雪梨塔的旋轉餐廳用餐，俯瞰雪梨市區夜景。

↓

Day 2
達林港周邊、雪梨海洋生物水族館(Sea Life Sydney Aquarium)、雪梨野生動物園。

↓

Day 3
皇家植物園、雪梨歌劇院，再搭乘渡輪前往遊樂園Luna Park。

↓

Day 4
搭乘渡輪前往曼利(Manly)，可在知名的曼利海灘玩水，或享受當地小鎮的悠閒風情。

↓

Day 5
一早到奧運紀念公園走走，園區內有許多小朋友使用的設施，還可現場租借腳踏車暢遊公園。

OL購物行程

Day 1
下午下榻市區飯店。晚上前往雪梨歌劇院欣賞音樂會。

↓

Day 2
市中心散步逛街。岩石區市集、QVB購物中心和Strand Arcade購物中心都是歷史悠久、值得一看的建築。下午可至雪梨大學校區拍照、參觀博物館，再到Glebe區品嘗當地咖啡。

↓

Day 3
邦代海灘。不但可以穿著比基尼在沙灘曬太陽、戲水，還可以享受當地美食。下午回到雪梨市中心，可至雪梨歌劇院外圍欣賞夜景。

↓

Day 4
藍山國家公園1日遊。

↓

Day 5
早起一點，先到雪梨知名的鬆餅店吃早餐再去機場，以美食為旅程畫下完美的句點！

墨爾本5日遊

墨爾本經典行程

Day 1
下午下榻市區飯店，遊覽飯店周區景點。

Day 2
維多利亞女王市場、聖派翠克大教堂、塗鴉街霍希爾巷、維多利亞州立圖書館。

Day 3
聯邦廣場、費蓮達火車站，傍晚漫步雅拉河畔、皇冠賭場。

Day 4
摩寧頓半島1日遊，當日來回。

Day 5
出發去機場前在墨爾本市中心選間咖啡店，體驗一下墨爾本的咖啡文化！

親子共遊行程

Day 1
下午下榻墨爾本市區，可至墨爾本觀景台用餐，俯瞰墨爾本夜景。

Day 2
參觀墨爾本水族館(SEA LIFE Melbourne Aquarium)、墨爾本動物園(Melbourne Zoo)。

照片提供 / Tourism Australia

Day 3
普芬比利蒸汽火車半日遊、費蓮達火車站、塗鴉街霍希爾巷、維多利亞州立圖書館。

Day 4
菲利浦島1日遊，看企鵝遊行，當日來回。

Day 5
出發機場前若還有時間，可以帶小朋友至墨爾本皇家植物園(Royal Botanic Gardens)踏青。

大洋路深度行程

Day 1
下午下榻市區飯店，遊覽飯店周區景點。

Day 2
開展大洋路之旅，途經洛恩小鎮(Lorne)、貝爾斯海灘、阿波羅灣(Apollo Bay)，晚上欣賞藍光蟲，下榻阿波羅灣附近。

照片提供 / Tourism Australia

Day 3
十二門徒石、倫敦橋(London Bridge)、拱門(The Arch)，晚上返回墨爾本市區。

照片提供 / Tourism Australia

Day 4
聯邦廣場、費蓮達火車站、聖派翠克大教堂、塗鴉街霍希爾巷、維多利亞州立圖書館。

Day 5
出發去機場前可購買紀念品、伴手禮。

布里斯本5日遊

布里斯本經典行程

Day 1
下午下榻市區飯店，遊覽飯店周區景點。

Day 2 ⬇
市政廳、紀念神殿、皇后街購物，晚上至故事橋周邊餐廳吃晚餐。

Day 3 ⬇
龍柏無尾熊動物園與袋鼠及無尾熊合照、互動，晚上前往庫薩山(Mt. Coot-Tha)看夜景。

Day 4 ⬇
南岸公園海灘、布里斯本植物園，晚上前往貨櫃夜市吃晚餐。

Day 5 ⬇
在布里斯本市區選擇一間道地早午餐店，享用完澳式早餐後前往機場。

親子共遊行程

Day 1
下午下榻飯店周圍，晚上至故事橋周邊餐廳吃晚餐。

Day 2 ⬇
龍柏無尾熊動物園與袋鼠及無尾熊合照、互動，晚上前往庫薩山(Mt. Coot-Tha)看夜景。

Day 3 ⬇
搭渡輪前往摩頓島，體驗島上風光，在沉船區浮潛，晚上餵食野生海豚，下榻於摩頓島。

Day 4 ⬇
摩頓島沙丘觀光，搭乘渡輪返回布里斯本市區。

Day 5 ⬇
出發機場前至皇后街購買紀念品、伴手禮。

伯斯5日遊

伯斯的最佳旅遊月分為9～11月（春天），天氣溫暖晴朗也不太會下雨。由於西澳的郊區景點眾多，如果時間許可，安排7日行程更好。

伯斯經典行程

Day 1
下午下榻市區飯店，遊覽飯店周區景點。

Day 2 ⬇
國王公園俯瞰伯斯市容全景、藍色小屋、Caversham Wildlife Park野生動物園。

Day 3 ⬇
朱里恩灣(Jurien Bay)、粉紅湖，傍晚下榻Geraldton市區。

Day 4 ⬇
卡爾巴里國家公園欣賞世界之窗、尖峰石陣(Pinnacles)、蘭斯林白沙丘(Lancelin Sand Dunes)滑沙。

Day 5 ⬇
搭車返回伯斯市區，再搭飛機回台灣。

旅遊資訊蒐集

當地資訊中心

■ **雪梨國際機場旅客服務Traveler Services：**海關檢驗出關後，往入境大廳左手邊走，可以找到一明顯的牌子寫著「The Meeting Point」，內即設有旅客服務處，可以幫忙旅客現場訂旅館、購買當地旅行團行程、取得租車服務。

■ **市中心旅客服務中心Visitor Information Centre：**有豐富的觀光資料與地圖，還可以取得折扣抵用券與當地最新的活動訊息。也有專人諮詢，可替你解決旅遊上的各項疑難雜症。

雪梨旅客服務中心看這裡

岩石區中心(The Rocks)

雪梨共有6間旅客服務中心，其中只有一間在市中心海關大樓(Customs House Sydney)，其餘分別位於皇家國家公園(Royal National Park)、坎貝爾鎮(Campbelltown)、曼利渡輪碼頭(Manly Wharf)、霍克斯伯里山谷大道(Hawkesbury Valley Way)，以及卡姆登山谷大道(Camden Valley Way)。

🔗 www.sydney.com/travel-information-old/visitor-information-centres

海關大樓
Customs House Sydney Visitor Information Centre

✉ Customs House, Level 0/31 Alfred St, Sydney NSW 2000 (靠近環形碼頭)

🕐 09:30～17:30，耶穌受難日(Good Friday)、聖誕節不開放，國定假日開放時間可能變動，行前請上網查詢確認

當地旅遊團資訊

■ **中文旅遊團：**在雪梨市區的中國城街上，有華人開的旅行社，提供多樣的觀光路線，有市區觀光或是坎培拉的一日遊等。但旅遊團費通常不含給司機、導遊的小費和午餐，報名前建議先仔細詢問總價。

■ **英文旅遊團：**在旅客服務中心(Visitor Information Centre)、青年旅館大廳等，都可以拿到當地旅行團的廣告單，通常只要在出團前1、2天報名即可。團費和中文團一樣，建議先問好整個行程的總價，和出發地點、時間。

旅遊網站推薦

背包客棧論壇
🔗 www.backpackers.com.tw/forum
澳洲旅遊資訊討論，可以多參考其他人的心得與行程。

澳洲旅遊局
🔗 www.australia.com/zht/index.aspx
有多國語言版本，澳洲旅遊資訊相當豐富，會依季節不同給予旅客行程建議。

一站式旅遊服務整合平台
🔗 www.kkday.com、www.klook.com
KKday以及Klook都是知名旅遊服務平台，販售多國一日遊或多日遊行程、票券、租借Wi-Fi機或販售SIM卡等，服務多元，也有中文介面。兩大平台上也有多種澳洲當地相關的行程可以選擇，甚至有些比當地購買還便宜，如：主題樂園門票，搭配網站優惠活動、銀行刷卡回饋等，可以省下不少錢。

New South Wales
🔗 www.visitnsw.com
新南威爾斯州的各地區都有詳盡的介紹，市區和郊區的解說都很仔細。

City of Sydney
🔗 www.cityofsydney.nsw.gov.au
雪梨官方網站，囊括許多觀光客有用的資訊，像每月推出的節慶活動一覽表。

行家祕技：雪梨4大熱門景點套票

若是第一次來到雪梨，不妨利用雪梨4大熱門景點套票，花1～2天來好好認識雪梨。套票$85澳幣，可參觀雪梨水族館、雪梨杜莎夫人蠟像館、雪梨塔、雪梨野生動物園。套票期限為30天，需於使用前24小時至網站上訂購，方能享有此優惠票價。另外還有3景點和2景點的選擇。在網路上預購除了有折扣，還可使用專用的入館通道喔！

🔗 www.visitsealife.com/sydney/tickets-passes/tickets/multiple-attractions

雪梨 Sydney

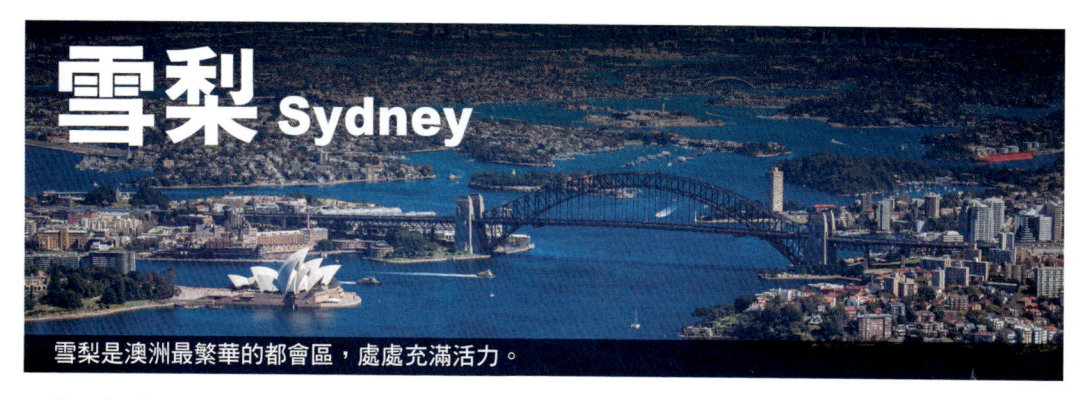

雪梨是澳洲最繁華的都會區，處處充滿活力。

歌劇欣賞特輯

國會大廈劇院
Capitol Theatre

www.capitoltheatre.com.au / 13 Campbell Street Haymarket NSW 2000 / ➡ 從中央車站步行約10分鐘可抵達

喜歡音樂劇的朋友，來到雪梨千萬不要錯過國會大廈劇院不定期上演的音樂劇！從1995年開始，許多知名的歌舞劇在此上演，如百老匯知名的悲慘世界、貓、女巫前傳、獅子王等等。建議先上網查詢檔期並預購門票，有時費用比在台灣看還便宜喔！

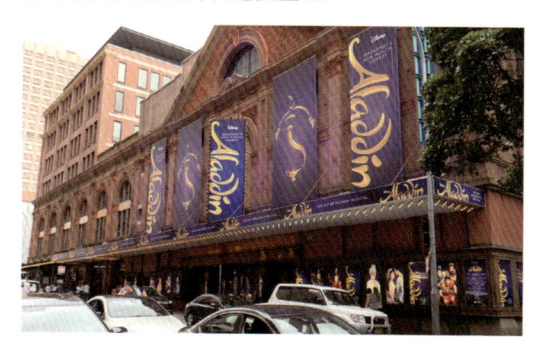

雪梨歌劇院
Sydney Opera House

1973年完工的雪梨歌劇院，由丹麥建築師Jorn Utzon設計，雖然不是百年古蹟，但一般人講到雪梨，多半會直接聯想到雪梨歌劇院，該地標已成為觀光客必到之處。除了可以觀賞雪梨歌劇院的外貌及拍照留念外，建議參加內部導覽團，一窺

▲ 雪梨歌劇院的1樓是間氛氛浪漫的餐廳 　▲ 地下室有紀念品販售中心

雪梨歌劇院內部的樣貌！若時間更為充裕，不妨事先訂好門票，聆聽一場音樂饗宴！

網路訂票系統會比現場買票多收$8.5澳幣手續費，若有熱門音樂會則需事先訂票，倘若不是太在意座位的位置，只想進去開開眼界，可以親自去櫃檯買票碰碰運氣。

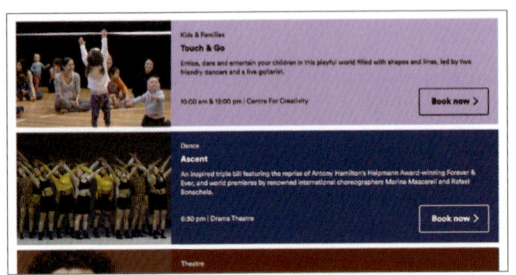

▲ 不妨事先查看官網的節目單，做好功課，有利現場買票

雪梨歌劇院資訊看這裡

- www.sydneyoperahouse.com
- 參加導覽團，請至售票大廳的導覽服務櫃檯預定報名，或透過網路購票
- 可搭乘火車、公車、渡輪至環形碼頭（Circular Quay），下車後約步行10分鐘即可到達，雪梨歌劇院建築非常顯眼，不會有找不到路的疑慮

雪梨歌劇院內部導覽英文團
Sydney Opera House Tour
- 成人現場購票$43澳幣
- 每日09:00～17:00；導覽時間約1小時

雪梨歌劇院內部導覽中文團
Sydney Opera House Tour Mandarin
- 成人現場購票$42澳幣，網路購票享9折優惠
- 每日09:30、11:00、13:00、14:30，導覽行程約1小時

雪梨歌劇院後台之旅英文團
Backstage Tour
- 成人現場購票$175澳幣
- 週一、日07:00開始，06:45至集合地點，1天僅1場；導覽時間約2.5小時

＊以上資訊時有變動，最新訊息以雪梨歌劇院網站公告為主

行家祕技　音樂會場次查詢

Step 1 雪梨歌劇院網站查詢：www.sydneyoperahouse.com。

Step 2 首頁有許多表演節目的介紹，或可直接利用頁面右邊的查詢系統，輸入符合所需的日期與表演類型進行搜尋。

Step 3 搜尋後，頁面會出現符合條件的表演列表。建議選擇表演場地在Concert Hall的音樂會，因為該處是雪梨歌劇院內最大的音樂廳，也是唯一設有大型風琴的場地。

關鍵字
表演類別
日期範圍
搜尋

表演名稱　表演者　日期　場地

貼心小提醒

基本服裝禮儀要特別注意

入雪梨歌劇院內的服裝和台灣聽音樂會相似，是不需要穿著正式穿晚禮服、燕尾服入場，但基本服裝禮儀還是需要特別注意。女生以裙裝或套裝為佳，男生則是襯衫、西裝褲加領帶，千萬不要穿著牛仔褲、垮褲、拖鞋參加音樂會。

雪梨市區觀光景點

雪梨港灣大橋
Sydney Harbour Bridge

　　雪梨港灣大橋是連結市區至北雪梨的重要交通樞紐，不但有行人步道、汽車車道，就連火車也在橋上暢行無阻。登上橋的最頂端，可一覽雪梨港的迷人風景。過了雪梨港灣大橋後，就會來到雪梨市北邊，知名遊樂園Luna Park就在這一區，入場不需門票，各項遊樂設施有個別收費。

▲走在雪梨港灣大橋的行人步道，可以一覽雪梨港風貌

行家祕技：雪梨港灣大橋攀登活動

　　雪梨港灣大橋經常會舉行各種攀登活動(Bridge Climb)，全程約需3.5～4小時，可上網報名購票。另外，也有完全免費的方式可以步行在大橋上：在岩石區(The Rocks)的Cumberland st.上，可找到一條窄窄的階梯，上有清楚的指標，走上去就會到達瞭望台(Pylon Lookout)，可連結到雪梨港灣大橋。

🌐 www.bridgeclimb.com
　瞭望台：www.pylonlookout.com.au
💲 依時間不同而有所變動，約$250～400澳幣

雪梨皇家植物園
Royal Botanic Garden Sydney

🌐 www.botanicgardens.org.au / ✉ Mrs Macquaries Rd, Sydney / ➡ 市區內可步行前往；搭乘火車至馬丁廣場站(Martin Place)，下車後步行即可抵達

　　雪梨的皇家植物園不僅占地廣大，且鄰近市區，從市區步行至此只需20～25分鐘，喜歡大自然景觀的旅客可以來一趟生態一日遊。園內除了有豐富的植物之外，還可看見多種鳥類棲息，值得前來欣賞。

照片提供／張馬可

達林港
Darling Harbour

🌐 www.darlingharbour.com / ➡ 可從中國城(China Town)或市政廳(Town Hall)步行前往，各約15分鐘

　　達林港不但有漂亮的景色與絢爛的夜景，週末幾乎都會舉辦各式活動或表演，外加購物中心、餐廳、露天咖啡林立，是個熱鬧且適合全家一起前來的好地方。

魚市場
Fish Market

🌐 www.sydneyfishmarket.com.au / ➡️ 可搭乘路面電車至魚市場站(Fish Market)下車 / 🕐 早晨～下午3、4點，店家會陸續結束營業

在雪梨要找最新鮮的海產，非魚市場莫屬了，不管是生蠔、龍蝦、生魚片，應有盡有，每天11:30～14:00總有許多用餐的人潮，喜歡海鮮的遊客可以挑一天去看看。

巴蘭加魯
Barangaroo

🌐 www.barangaroo.com / ➡️ 搭火車到環形碼頭站(Circular Quay)或Wynyard站，下車後步行抵達；搭渡輪到環形碼頭(Circular Quay)或達林港(Darling Harbour)，步行抵達；從市政廳(Town Hall)搭公車311、324、325路線，在巴蘭加魯保護區(Barangaroo Reserve)下車

這是近年雪梨新興觀光勝地，是連接達林港和岩石區的區塊，遊客可一路散步欣賞沿岸美景，週末假日有許多家庭帶著孩子來此處野餐遊玩。河岸邊餐廳林立，海面上的舞台表演也是亮點。

邦代海灘
Bondi Beach

➡️ 可在市區伊莉莎白街(Elizabeth St.)搭333號公車直接到邦代海灘(Bondi Beach)，約45分鐘；或搭火車到Bondi Junction站，再轉乘公車到邦代海灘

邦代海灘是很有名的海景，不但聚集了許多衝浪好手，還是大家喜愛日光浴的場所。海灘周圍的商業活動很活躍，有許多知名衝浪品牌店及美食餐廳，在此處漫步，可以享受海灘特有的悠閒氣氛。

岩石區探索博物館
The Rocks Discovery Museum

🌐 www.therocks.com/things-to-do/the-rocks-discovery-museum / ➡️ 搭乘火車、公車或渡輪皆在環形碼頭(Circular Quay)下車；市區內，從喬治街(George St.)步行至盡頭即為岩石區(The Rocks) / 🕐 每天10:00～17:00，耶穌受難日(Good Friday)、聖誕節不開放 / 💲 免費

到岩石區的遊客可以順道去岩石區探索博物館走走，不但能夠了解岩石區的歷史，參觀過程中還設計了許多小朋友也適合參與的活動。

新南威爾斯美術館
Art Gallery of New South Wales

🌐 www.artgallery.nsw.gov.au / ✉ Art Gallery Road, The Domain, Sydney NSW 2000 / ➡ 搭火車至聖詹姆斯站(St. James)或馬丁廣場站(Martin Place)後步行約10分鐘；市區內可步行前往，美術館就位在皇家植物園旁邊 / 🕐 每天10:00～17:00，耶穌受難日(Good Friday)、聖誕節不開放 / 💲 免費

博物館的建築主體聞名遐邇，是許多觀光客慕名而來的原因之一，館內收藏頗豐，大多為澳洲與歐洲19、20世紀的藝術品，也有一部分是亞洲藝術品，喜歡藝術的人可待上一整天慢慢欣賞。

照片提供/張馬可

格里布 Glebe

➡ 搭公車370、431、433、469路線至Glebe Point Rd.下車，Glebe Point Rd.為主要的熱鬧街道

Glebe區位於Blackwattle海灣旁，擁有悠閒的氛圍，以開滿各式各樣的咖啡館著名，逢週六還有熱鬧的Glebe Market。附近有雪梨大學、魚市場等景點，距離約5分鐘路程。從海岸步道可欣賞安薩橋(Anzac Bridge)美景。

雪梨大學
The University of Sydney

🌐 www.sydney.edu.au / ✉ University Pl, Camperdown NSW 2006 / ➡ 搭乘公車10、412、413、435、436、437、438、440、461、480路線，從市區喬治街(George St.)出發，到維多利亞公園站(Victoria Park)或天橋站(Footbridge)下車 / 🕐 週一～三、五10:00～17:00；週四10:00～21:00；假日12:00～16:00 / 💲 免費

雪梨大學是澳洲歷史最悠久的大學之一，其主樓(Quadrangle)因哥德式建築聞名，有「哈利波特樓」之稱，是一處充滿文化與歷史氣息的旅遊勝地，也是拍攝婚紗照、舉辦婚禮的熱門地點。

在主樓旁的周澤榮博物館，館藏包含歷史文物、繪畫、雕塑、當代藝術品，及昆蟲標本等收藏，甚至還有木乃伊，超過44萬件館藏，均免費參觀。另外，每年11月，主樓周邊的街道都會染上夢幻的紫藍色點綴──盛開的藍花楹(Jacaranda)，將這座百年學府變成一片詩意盎然的花海。

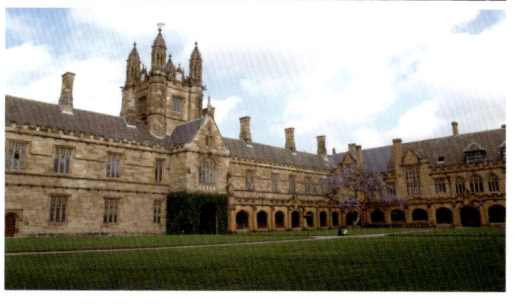

雪梨博物館
Museum of Sydney

🔗 mhnsw.au/visit-us/museum-of-sydney / ➡ 搭火車至環形碼頭站(Circular Quay)，步行約4分鐘；或搭乘輕軌至橋街站(Bridge Street)，步行約6分鐘可達 / 🕙 10:00～17:00

雪梨博物館建於原總督府(First Government House)遺址上，展示了雪梨自殖民時代至今的發展歷程。館內收藏豐富，包括歷史文物、影像紀錄和互動展覽，帶領遊客深入了解這座城市的變遷。除了固定展覽外，博物館也定期推出特展，探索澳洲文化、原住民歷史及現代都市發展，是歷史愛好者不可錯過的景點。

莎莉山
Surry Hills

➡ 搭輕軌至莎莉山站(Surry Hills)站可達

這是一個充滿創意與活力的街區，位於雪梨市中心東南側，也是雪梨新創公司的聚集地，有許多時尚咖啡館、設計師精品店，以及日式居酒屋。其中，皇冠街(Crown Street)為主要街道，知名咖啡館和餐廳林立，如人氣烘焙店Bourke Street Bakery，總是吸引大批顧客前來品嘗美味派點；澳洲網紅早午餐店的鼻祖Bills，以奶香味十足的鬆餅聞名。

聖瑪麗教堂
St. Mary's Cathedral

🔗 www.stmaryscathedral.org.au / ➡ 搭火車至聖詹姆斯站(St.James)，步行約5分鐘可達 / 🕙 週一～五 06:30～18:30，週六、日06:30～19:00

聖瑪麗大教堂是澳洲最具代表性的天主教堂之一，以其壯觀的新哥德式建築風格聞名。宏偉的石砌外觀、華麗的彩繪玻璃窗，以及精緻的雕刻細節，讓這座教堂充滿莊嚴與神聖氛圍。教堂內部寧靜祥和，吸引無數信徒與旅人前來參觀或靜思祈禱。

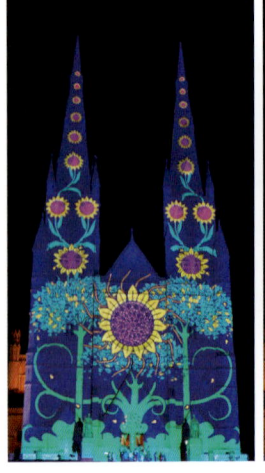

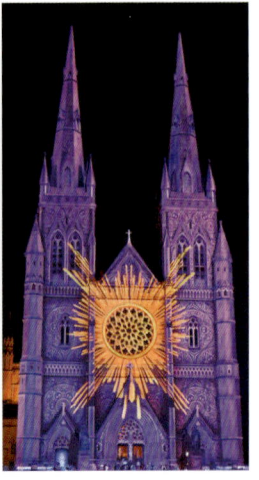

當代美術館
MCA-Museum of Contemporary Art

🌐 www.mca.com.au / ✉ 140 George St. The Rocks NSW2000 / ➡ 搭乘火車、公車或渡輪在環形碼頭站(Circular Quay)下車；若由火車站出站，面對環形碼頭，往左邊走可到當代美術館，右邊走可到雪梨歌劇院 / 🕐 週一10:00～17:00，週三、週四10:00～17:00，週五10:00～21:00，假日10:00～17:00，週二公休 / 💲 免費

除了展覽澳洲當地藝術家的作品以外，也有許多來自世界各地的當代藝術，展覽時有更換，每隔一段時間去就會有讓人耳目一新的感受，造訪之前可先至網站查詢最新的展覽資訊。

澳洲博物館
Australian Museum

🌐 australian.museum / ✉ 1 William St, Darlinghurst NSW 2010 / ➡ 搭乘火車至聖詹姆斯站(St. James)、博館站(Museum)、市政廳站(TownHall)，皆約步行7分鐘可達 / 🕐 09:00～17:00，週三09:00～21:00 / 💲 免費

澳洲博物館建立於1827年，是澳洲歷史最悠久的博物館。館藏相當豐富，有許多動物的標本和自然生態的教育活動，是大人、小孩都適合一遊的地方。博物館就位於海德公園(Hyde Park)旁，交通便利。

雪梨市政廳
Sydney Town Hall

🌐 www.sydneytownhall.com.au / ➡ 搭火車、公車至市政廳站(Town Hall) / 💲 免費

雪梨市政廳建於1880年代，位於雪梨市中心，鄰近QVB購物中心(Queen Victoria Building)和聖安德魯教堂(St Andrew's Cathedral)。雪梨市政廳前也是許多當地人約見面的地標，因此經常會看到人潮聚集在這裡。

雪梨塔
Sydney Tower

🌐 www.sydneytowereye.com.au / ✉ Level 5/108 Market St., Sydney NSW2000 / ➡ 搭乘火車、公車至市政廳站(Town Hall)再步行約5分鐘 / 🕐 10:00～19:00 (最後入館時間18:00)

雪梨塔建於1981年，是雪梨市區最高的建築，全塔309公尺。雪梨塔上有可眺望雪梨全景的360度觀景台，還有一間旋轉餐廳，若欲登上觀景台，建議事先上網購票，通常比現場便宜。

海德公園
Hyde Park

➡ 搭火車至聖詹姆斯站(St. James)、博館站(Museum)，出站即達；從市政廳站(Town Hall)步行約7分鐘

雪梨海德公園位於市中心，占地廣大，是市區重要的綠地。公園路(Park St.)將公園分成兩邊，東側是於1928年建成的聖瑪莉大教堂(St Mary's Cathedral)，西側則鄰近熱鬧的購物街。

聖安德魯教堂
St Andrew's Cathedral

🌐 www.sydneycathedral.com / ➡ 搭乘火車、公車至市政廳站(Town Hall)

聖安德魯教堂是澳洲最古老的哥德式教堂，位在市政廳旁，週日會開放望彌撒，有信仰的遊客可參照官網上指定的時間前往。

澳洲國立海事博物館
Australian National Maritime Museum

🌐 www.anmm.gov.au / ➡ 從市政廳站(Town Hall)出發，途經派蒙大橋(PyrmontBridge)步行約20～30分鐘。若從中央車站(Central)出發，途經中國城(China Town)步行亦為約20～30分鐘 / 🕐 每天09:30～17:00，聖誕節不開放

雪梨是知名的海港城市，除了便利的渡輪系統，還有一間述說著海事歷史的博物館。海事博物館位於達林港(Darling Harbour)，裡頭除了展示船隻的配備，還可參觀軍艦和潛水艇。

馬丁廣場
Martin Place

➡ 搭火車至馬丁廣場站(Martin Place)下車

馬丁廣場是雪梨市區的正中心，除了郵政總局大樓外，各大銀行總部也都聚集在這裡，平日是個相當繁忙的辦公商業區塊。廣場中央設有戰爭紀念碑，用來紀念第一次世界大戰犧牲的士兵和百姓，廣場兩側充滿著古色古香的歷史建築。

環形碼頭
Circular Quay

➡ 搭火車、公車、渡輪皆為環形碼頭站(Circular Quay)

環形碼頭緊鄰岩石區和雪梨歌劇院，交通方便，大多數的渡輪路線都由環形碼頭出發，所以也是雪梨渡輪的樞紐。不只是假日，平日也是人潮不斷，是觀光客和市民都常造訪之處。雪梨許多大型的活動都是在這裡舉辦，每年的跨年煙火大會，也總是把環形碼頭擠得水洩不通。

雪梨海洋生物水族館
SEA LIFE Sydney Aquarium

✉ 1-5 Wheat Rd, Sydney NSW 2000 / 🕘 09:30～18:00(最後入館時間17:00)

在雪梨水族館內可以看到鯊魚、儒艮、魟魚、企鵝及海馬等豐富的物種，多達14個主題館。館內提供各種導覽旅遊，其中許多都能近距離觀賞動物，例如在企鵝館內，遊客可坐在船上近距離一覽企鵝可愛的面貌。館內氣溫相當低，別忘了帶件外套喔！

雪梨野生動物園
WILD LIFE Sydney Zoo

✉ 1-5 Wheat Rd, Sydney NSW 2000 / 🕘 09:30～17:00(最後入館時間16:00)

想看澳洲動物，來雪梨野生動物園就對了！雖然無尾熊不能讓旅客抱著照相，但可以站在樹旁和無尾熊近距離合照(需另外收費)。由於是室內動物園，所以是雨天時受歡迎的景點之一。

雪梨近郊觀光景點

寶活中國城
Burwood Chinatown

➡ 搭火車至Burwood站，下車即達

　　寶活是雪梨華人最多的區域之一，在火車站旁的寶活中國城被譽為「雪梨真正的中國城」。尤其是每週四到週日的夜市，室外有整齊劃一的大紅色招牌，室內則裝滿了霓虹燈，還有摩肩接踵的人潮，都讓人有一秒穿越到中國的感覺。

克羅納拉海灘
Cronulla

➡ 搭火車至Cronulla站，步行約5分鐘可達

　　克羅納拉是雪梨南部著名的海灘之一，相較於曼力和邦代這些熱門海灘，這裡少了觀光客的擁擠感，更具當地人的悠閒氛圍。周邊有許多咖啡廳、酒吧與海鮮餐廳，非常適合度過一個放鬆的午後。

紐鎮
Newtown

➡ 搭火車至Newtown站，下車即達

　　紐鎮是雪梨最具文藝氣息的街區之一，街道兩旁布滿了塗鴉藝術、獨立書店與個性咖啡館。這裡匯聚了年輕族群與創意工作者，無論是逛小店或品咖啡，都能感受到獨特自由的氛圍。

曼利海灘
Manly Beach

➡ 搭乘渡輪至曼利碼頭(Manly Wharf)再步行至海灘

從市區搭渡輪前往約30分鐘，從曼利渡輪站可步行至曼利海灘。雖然離市區不遠，但可以明顯感受到小鎮輕鬆的氛圍。海邊有許多衝浪好手，建議可用一整天好好享受曼利悠閒的步調。

馬里克維爾
Marrickville

➡ 搭火車至Marrickville站下車

馬里克維爾是雪梨的「小越南」，擁有許多正宗的越南餐廳，如米粉湯(Pho)、法式越南三明治(Banh Mi)、春捲等。此外，這裡也是雪梨的文青聖地之一，擁有許多特色咖啡廳、獨立書店、創意市集與手工藝品店，適合漫遊探索。

馬里克維爾圖書館是此區的地標建築，巧妙融合百年歷史與現代設計，保留舊醫院元素並引入可持續建築理念，成為集閱讀、社區交流與文化傳承於一體的地標性空間。

基里比利
Kirribilli

➡ 搭火車至Milsons Point站，或搭渡輪至Milsons Point站，到站即達

基里比利是雪梨北岸最迷人的社區之一，擁有絕佳的港灣美景。這裡的月神公園(Luna Park)以復古風格聞名，園內有各項遊樂設施，每週六的市集則能挖掘設計師品牌與手作商品。不容錯過的還有Kirribilli Lookout觀景點，能拍到雪梨歌劇院與大橋同框的夢幻畫面。

拉坎巴
Lakemba

➡ 搭火車至Lakemba站下車

拉坎巴是雪梨著名的「小中東」，擁有眾多黎巴嫩、敘利亞、土耳其與其他中東國家的移民，這裡有地道的中東美食，如烤肉捲餅(Kebab)、羊肉抓飯(lamb mandi)、中東甜點，及各式清真食品店。每年齋月期間的夜市更是熱鬧非凡。

新南威爾斯州熱門景點

藍山 Blue Mountains

➡ 從中央車站搭藍山線火車，依照景點至不同車站下車步行或轉乘公車，車程約2小時／ℹ 從雪梨市中心出發，來回車程約4小時，雖可當日來回，但若不想太倉促，建議安排2日行程

藍山觀景世界(Scenic World)

藍山觀景世界(Scenic World)是藍山最知名的景點之一，有3種纜車可搭乘，其中世界上最陡峭的鐵路Scenic Railway，還可以俯瞰壯觀的雨林與峽谷。而Scenic Skyway玻璃纜車，則可360度欣賞山谷的美景。

回音點(Echo Point)

這裡是藍山地區最具代表性的觀景台，擁有最佳視角可欣賞壯觀的三姐妹峰(Three Sisters)，是攝影愛好者的天堂。此外，這裡也是通往多條健行步道的起點，可通往山谷底部，進一步探索藍山的原始自然景觀。

大峽谷健行(Grand Canyon Walk)

這條全長6.3公里的環狀健行步道被譽為藍山最美的步道之一，途經古老的蕨類植物、茂密的雨林和高聳的砂岩峽谷，帶來如同進入史前世界般的體驗。步道部分區段較為陡峭，但沿途設有許多觀景點，可以欣賞壯麗的峽谷與溪流景觀。

蘿拉(Leura)

這座歐風小鎮充滿浪漫氣息，擁有迷人的花園、獨立書店、特色精品店與復古咖啡廳，非常適合悠閒漫步與享受慢活時光。

之字形蒸汽火車(Zig Zag)

這條歷史悠久的鐵路建於1869年，原為藍山區域的運輸路線，如今成為熱門的觀光列車，旅客可搭乘復古蒸汽火車穿越蜿蜒的山間鐵道，並欣賞廣闊的藍山谷地景色。

▲ 蒸汽火車穿越藍山隧道，白煙翻騰而出　▲ 側崖步道蜿蜒於峭壁之間　▲ 層疊山巒展現藍山壯麗景色

紐卡索
Newcastle

➡️ 從中央車站搭紐卡索線火車,至紐卡索站轉乘當地輕軌到達,車程約2小時

紐卡索是新南威爾士州第二大城市,擁有悠久的歷史、壯觀的海岸線和蓬勃發展的咖啡文化。這裡擁有美麗的紐卡索海灘(Newcastle Beach),適合衝浪與海濱漫步。此外,諾比斯燈塔(Nobbys Lighthouse)是這座城市的象徵,步行至燈塔可欣賞壯觀的海岸線。

在紐卡索以北的史蒂芬港(Port Stephens)地區,有澳洲最大的活動沙丘所在地——安娜灣(Anna Bay)。這裡的沙丘綿延32公里,形成壯觀的沙漠景觀,遊客可以參加四驅車探險或體驗滑沙活動。滑沙適合所有年齡層,使用特製滑板從高達30公尺的沙丘滑下,感受速度與刺激。這裡還提供騎駱駝體驗,讓遊客在金色沙漠中漫遊,享受異國風情。

▲ 紐卡索著名的沙灘,燈塔矗立在遠方的山丘上

▲ 在金色沙丘上體驗刺激的滑沙樂趣

▲ 紐卡索港口的大型貨輪停泊,見證這座城市的繁忙

獵人谷
Hunter Region

➡️ 無大眾交通工具可抵達,建議參加旅行團或自駕前往。由雪梨往北,車程約2小時

澳洲有許多酒莊,喜愛品酒的遊客至澳洲絕不會錯過參觀酒莊的行程。大多數酒莊除了試飲區和專人講解品酒知識,通常旁邊會緊鄰大片葡萄園。不喝酒的旅客前來,也可享受酒莊風光。

由於目前沒有大眾交通工具可從雪梨市區前往獵人谷,大多數遊客選擇參加當地的一日遊(Day Tour),價格約在$100～180澳幣。跟團前往雖然行程受限,但可盡情暢飲不用擔心回程交通問題。自行駕車前往則可自由排訂行程和停留時間,但酒後駕車違法又危險,同行其中一人勢必無法參加試飲活動。前往獵人谷前務必評估適合自己的交通方式。

此外,可將喜愛的酒買回家,但不要忘記入境台灣的酒類免稅額度是1公升。

▲ 獵人谷也有許多特色餐廳

▲ 有些酒莊試飲需要收費,各家規定價格各異

南海岸 South Coast

➡ 從中央車站搭4號線(T4)火車，依照景點至不同車站下車步行或轉乘公車。車程約1.5小時

　　南海岸地區在雪梨南方，擁有壯麗的海岸風光、寧靜的沙灘與豐富的文化景點。如果自駕前往南海岸，千萬不要錯過壯觀的海岸公路Grand Pacific Drive，途經 Sea Cliff Bridge這座橋梁，蜿蜒於海洋之上，是拍照的絕佳地點。

　　臥龍崗(Wollongong)是新南威爾士州第三大城市，位於南海岸地區，以壯觀的海岸線、衝浪文化和悠閒的生活步調聞名。其中著名的景點有臥龍崗海灘(Wollongong Beach)與其旁邊的臥龍崗燈塔(Wollongong Lighthouse)。這裡也是澳洲最受歡迎的跳傘地點之一，擁有壯麗的海岸景色，適合想要挑戰極限、體驗自由落體快感的旅客。這裡的跳傘高度約1萬5千英尺，由專業教練帶領，全程提供詳盡的安全指導與設備，適合首次挑戰者。

▲ 雲海之上，高空跳傘俯瞰臥龍崗壯麗的海岸風光

▲ 綠意盎然的海岸線與遼闊海洋交織出南海岸的壯闊景色

▲ 海浪層層推進，拍打著南海岸的沙灘

基亞馬 Kiama

➡ 從市區出發可搭乘火車南海岸線(South Coast Line)前往基亞馬站(Kiama)，火車車程約2.5小時

　　雖然基亞馬對於觀光客較陌生，但這個遠離塵囂的海邊小鎮有其獨特的味道。當地知名的基亞馬噴水口(Kiama Blowhole)和基亞馬燈塔(Lighthouse of Kiama)都很值得一看。在基亞馬還可近距離看到澳洲鵜鶘，是非常難得的機會。

南部高地
Southern Highlands

➡ 從市區開車前往，車程約1～1.5小時

旺比恩洞穴 (Wombeyan Caves)

隱藏在南方高地西部，旺比恩洞穴是新州最壯觀的鐘乳石洞之一，於數百萬年前形成，由兩百多個大小洞穴組成，是探索澳洲自然奇觀的絕佳去處。除了地下奇觀，旺比恩園區也有許多戶外活動，如健行步道、烤肉區，甚至能發現野生袋鼠的蹤跡。此外，還提供小木屋住宿，適合想深入大自然、遠離塵囂的旅人。

▲ 沃倫迪利洞穴陡峭的階梯

▲ 壯觀的鐘乳石瀑布

塔拉爾加野生動物園 (Taralga Wildlife Park)

一座融合野生動物保育與沉浸式體驗的動物園。園內共有超過700種動物，包括最受歡迎的白袋鼠（white kangaroo）、短尾矮袋鼠（quokka）和5種不同的沙袋鼠（wallaby）。這裡也是新南威爾斯州最大規模的鳥類展區，有超過100種鳥類。

進入園區前，工作人員會發給每人一個免費的飼料甜筒，可以餵食如鴯鶓、羚羊、羊駝等動物。除了餵食動物，這裡最受歡迎的活動，非抱袋熊莫屬了！每天有3場，建議參加上午場，在袋熊剛睡醒時，比較不會亂動，好抱又上鏡。

▲ 大袋熊皮膚觸感完全不同

▲ 世界上最可愛的動物Quokka

▲ 咬著冰淇淋甜筒的小鹿

▲ 正在吃草的羊駝

▲ 白袋鼠睡覺的姿勢真可愛

墨爾本 Melbourne

被譽為澳洲文化首都，充滿著浪漫的格調且藝術家雲集。

照片提供 / Tourism Australia

墨爾本市區觀光景點

費蓮達火車站
Flinders Street Railway Station

➡ 位於Flinders St.與Swanston St.交叉口，建築特殊顯眼十分好認，市中心可以步行前往；搭乘大眾交通工具至費蓮達／弗林德斯街站(Flinders St.)

是墨爾本市中心著名的地標，也是當地人常用來相約見面的地點，這棟歷史悠久的車站是墨爾本交通的中心樞紐，車站周邊相當熱鬧。遊客中心位於車站旁邊的透明玻璃屋內，相當好找，前往蒐集旅遊資訊時，別忘記一定要拍照留念。

聯邦廣場
Federation Square

🌐 fedsquare.com ／ ➡ 搭乘大眾交通工具至費蓮達／弗林德斯街站(Flinders St.)，下車即達／🕘 遊客中心09:00～17:00，聖誕節不開放

聯邦廣場緊鄰費蓮達火車站和聖保羅大教堂，由於交通方便，是不少當地人相約見面的地點之一。廣場上有顯眼的遊客諮詢中心，建議第一天來市區觀光的遊客，可以先至遊客中心蒐集旅遊資料。

卡頓公園與皇家展覽會場
Carlton Gardens & Royal ExhibitionBuilding

➡ 可搭乘免費的路面電車至卡頓公園站(Carlton Gardens)下車

　　位於卡頓公園內，2004年列為世界文化遺產，墨爾本市中心的免費環城列車有行經此地，是個非常容易到達的景點。卡頓公園內可見大片林蔭，假日常有家庭來此野餐，是個名副其實的城市花園。

聖保羅大教堂
St Paul's Cathedral

🔗 cathedral.org.au / ➡ 搭乘大眾交通工具至費蓮達/弗林德斯街站(Flinders St.)，下車即可看到

　　這座哥德復興式教堂建於1891年，由英國建築師威廉·巴特菲爾德所設計。教堂外設有一尊馬修·弗林德斯(Matthew Flinders)的紀念銅像，他是最早的澳洲拓荒者之一。教堂開放一般大眾入內參觀。

墨爾本市政廳
Melbourne Town Hall

🔗 www.melbourne.vic.gov.au / ➡ 搭乘大眾交通工具在斯旺斯頓街(Swanston St.)和柯林斯街(Collins St.)交叉口處下車

　　墨爾本市政廳建於1867年，現在的用途非常多元，除了不定期舉辦展覽和表演之外，內部亦設有餐廳。市政廳提供免費導覽服務，每團限10人以下，需事先預約。

聖派翠克大教堂
St Patrick's Cathedral

🔗 www.cam.org.au/cathedral / ➡ 搭乘大眾交通工具在艾伯特街(Albert St.)和吉斯伯恩街(Gisborne St.)交叉口處下車

　　為澳洲最高的教堂，亦是墨爾本天主教總教區的主教堂。每日固定舉辦2場彌撒，教堂內氣氛莊嚴，陽光透過彩繪玻璃豐富了教堂內的光影，就算只是駐足片刻，也彷彿被洗滌了心靈。

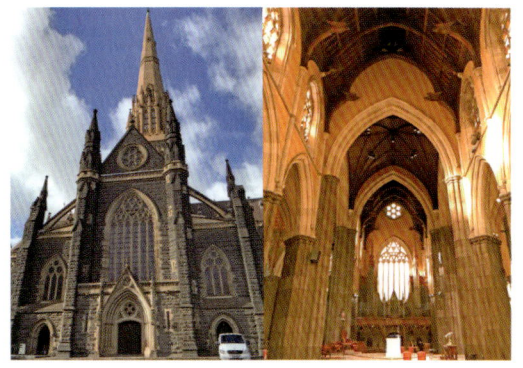

維多利亞州國會大廈
Victoria's Parliament House

www.parliament.vic.gov.au / ➡ 可於國會車站(Parliament Railway Station)或伯克街(Bourke St.)與春天街(Spring St.)交叉口處下車

建於1855年，為羅曼復興式風格建築。在國會休會期間開放一般民眾入內參觀，若為團體則須事先預約。民眾除了有機會進去一探極富歷史意義的國會大廈建築，還可以在裡面拍照留念。

維多利亞州立圖書館
State Library of Victoria

www.slv.vic.gov.au / ➡ 搭乘大眾交通工具在斯旺斯頓街(Swanston St.)和拉籌伯街(La Trobe St.)交叉口處下車

除了富有歷史感的建築外觀，內部也讓人驚豔，已經成為遊客必訪打卡景點之一，除了大量藏書和閱覽室外，還有不定期免費展覽可參觀。可自由進出，無需證件，但別忘記保持安靜。

霍希爾巷
Hosier Lane

Hosier Lane, Melbourne, Victoria, 3000 / ➡ 搭乘35號免費旅遊電車至費蓮達／弗林德斯街站(Flinders St.)，步行約3分鐘

擁有「藝術之都」稱號的墨爾本，霍希爾巷塗鴉街也是其非常具代表性的景點之一，匯集來自世界各地塗鴉大師的作品，巷弄內的牆壁、地板、窗戶、消防栓等所有物品上都有塗鴉。由於空間有限，所以塗鴉師會把作品覆蓋在舊的作品上，幾乎每個月整條街道就會有全新面貌，為墨爾本添加了一種叛逆的美感。

照片提供 / Tourism Australia

墨爾本戰爭紀念館
Shrine of Remembrance

http www.shrine.org.au / ✉ Birdwood Ave Melbourne VIC 3001 / ➡ 從市區搭乘電車3、6、8、16、64、72路線至Shrine of Remembrance站 / 🕐 10:00～17:00，聖誕節、復活節不開放

用於紀念所有為國家犧牲的澳洲士兵，整座紀念館採用了古希臘的建築設計，正上方的浮雕取材自希臘神話中的和平女神，象徵士兵為了和平而戰。每年有數萬名遊客造訪，如有來訪，記得抱持一顆尊敬的心。

照片提供 / Tourism Australia

公主劇院
Princess Theatre

http theprincesstheatre.com.au / ➡ 搭乘大眾交通工具在伯克街(Bourke St.)和春天街(Spring St.)交叉口處下車

開幕於1854年，位於維多利亞州國會大廈對面，是墨爾本的經典劇院，典雅華麗的建築讓人忍不住駐足拍照留念。與麗晶劇院並列墨爾本市區最主要的音樂劇表演場地，知名音樂劇《歌劇魅影》和《悲慘世界》曾在此上演。

麗晶劇院
Regent Theatre

http marrinergroup.com.au/regent-theatre / ➡ 搭乘路面電車於市政廳站(Town Hall) / 柯林斯街站(Collins St.)下車

開幕於1929年，曾歷經大火而幾度關閉，但現在幾乎每晚都會上演動人的音樂劇。場內是可容納2,143位觀眾的2層式觀眾席，若買在第一層後排的座位，會被2樓的觀眾擋到上方視線，買票前建議先研究一下座位表。知名的音樂劇《貓》、《獅子王》、《綠野仙蹤》等都曾在這裡上演，若你愛好音樂劇，不妨安排一天晚上來此。

雅拉河畔
Yarra River

🌐 yarrariver.melbourne / ➡ 建議從費蓮達火車站(Flinders St.)散步至此

在墨爾本繁忙的市區中，有一處滌淨市民心靈的河流，這條河就叫做雅拉河。河畔兩旁有寬敞的步道，沿著河岸有費蓮達火車站、皇冠賭場（Crown Casino）、墨爾本展覽中心等，還有許多氣氛不錯的咖啡廳和餐廳。白天可以悠閒地散步至此，一路吃吃喝喝，晚上還可以欣賞雅拉河畔美麗的夜景。

布萊頓海灘
Brighton Beach

➡ 搭乘火車至中布萊頓站(Middle Brighton Railway Station)，離彩色小屋較近；或至布萊頓海灘站(Brighton Beach Station)，離海灘較近

布萊頓海灘位於墨爾本的近郊，是近年來觀光客喜愛的打卡勝地之一。海灘邊引人注目的彩色小屋（Brighton Bathing Boxes）原本是用來換衣服的更衣室，現在則是作為私人收納的倉庫用。整排的彩色小屋每一間的圖案都不一樣，有不少代表澳洲的有趣圖案。

聖基爾達
St. Kilda

🌐 www.museumsvictoria.com.au/immigrationmuseum / ➡ 搭乘96、16或12號電車前往，於St. Kilda Beach站下車

聖基爾達是墨爾本最受歡迎的海灘之一，不僅擁有迷人的海岸線，還有歷史悠久的月神公園遊樂場（Luna Park）及眾多酒吧和餐廳。傍晚時可以沿著棧橋（St. Kilda Pier）散步，或在岸邊的餐酒館小酌一杯，感受悠閒的海邊氛圍。

▲聖基爾達著名的棧橋小屋，復古風格映襯寧靜的港灣

▲滿是帆船的海灣，遠方墨爾本天際線籠罩在輕霧之中

▲聖基爾達碼頭，帆船悠閒漂浮，岸邊建築點綴著城市風情

移民博物館
Immigration Museum

www.museumsvictoria.com.au/immigrationmuseum / ➡ 搭火車至費蓮達／弗林德斯街站(Flinders St.)，步行約5分鐘 / 🕙 10:00～17:00

　　移民博物館收藏許多珍貴的移民紀錄，展示澳洲豐富的移民歷史，述說著無數人的遷徙與新生活的起點。透過互動展覽、個人故事及文物，甚至還原了當年移民在船艙內的生活場景，呈現出不同時期的移民潮流與文化影響，是了解澳洲多元文化歷史的重要場所。

▲ 博物館外觀

▲ 來自世界各國的護照拼貼，象徵移民故事的多元與融合

維州國家藝術館
National Gallery of Victoria

www.ngv.vic.gov.au / ➡ 搭火車至費蓮達／弗林德斯街站(Flinders St.)，步行約10分鐘 / 🕙 10:00～17:00

　　澳洲最古老、規模最大的美術館，擁有世界級的藝術收藏及澳洲原住民藝術品。館內分為國際館（NGV International）和澳洲館（NGV Australia），分別展示國際和澳洲藝術。國際館入口處的水牆是標誌性的打卡點，澳洲館則是以特色的幾何拼貼外牆聞名。

▲ 藝術館外觀

▲ 藝術館大廳的KAWS特展雕塑

墨爾本近郊觀光景點

大洋路
The Great Ocean Road

➡ 無大眾交通工具可以抵達，建議參加旅遊團或自駕前往

　　被譽為世界上最美的濱海公路之一，全長約270公里。途中貝爾斯海灘（Bells Beach）為知名衝浪勝地，不少澳洲衝浪大牌都發源於此；可安排在十二門徒石（The 12 Apostles）欣賞日落。通常一日遊需12～15小時，建議安排2天，才可以深度遊玩大洋路。

照片提供 / Tourism Australia

玩樂篇

157 Traveling So Easy! in Australia

摩寧頓半島
Mornington Peninsula

🌐 www.peninsulahotsprings.com / ✉ 140 Springs Lane, Fingal, Mornington Peninsula 3939 / ➡ 無大眾交通工具可抵達，建議參加旅遊團或自駕前往，距離墨爾本市區開車約1小時

因彩虹小屋、半島的溫泉及酒莊而大受歡迎，摩寧頓半島溫泉（Peninsula Hot Springs）是澳洲的天然溫泉之一，由20幾個大大小小的戶外溫泉池組成，每一池都是不同的風景，最受旅客推薦的是位於山頂的Hilltop池，可以360度俯瞰整座摩寧頓半島的風光，日落時分來泡湯最是美麗。

照片提供 / Tourism Australia

菲利浦島
Phillip Island

🌐 www.penguins.org.au/attractions/penguin-parade / ✉ 1019 Ventnor Rd, Summerlands, Victoria 3922 / ➡ 無大眾交通工具可抵達，建議參加旅遊團

菲利浦島又有企鵝島的別名，在太陽下山時，超過3萬隻野生小企鵝會一起從海上歸來，行走在海灘上返回巢穴。不同季節的日落時間不一樣，所以企鵝回家的時間也不一樣，出發前記得做好功課以免撲空！企鵝的眼睛很脆弱，用閃光燈拍照會驚嚇到牠們，讓牠們忘了回家的路，不妨就用眼睛記錄這美好的時刻吧！

照片提供 / Tourism Australia

普芬比利蒸汽火車
Puffing Billy Railway

🌐 puffingbilly.com.au / ➡ 墨爾本市中心任一火車站搭藍線火車至Belgrave站，步行3分鐘可達火車搭乘點

普芬比利鐵路修建於1900年，是現今澳洲保存最完好的窄軌鐵路，也是世界上最受歡迎的蒸汽遺產鐵路之一。復古的火車頭配上火車的嗡鳴聲和煤炭味，是絕佳體驗。以前遊客在火車行駛期間，可以把手與腳伸出窗外體驗早期搭車的感覺，但2018年發生意外後，現在已明文禁止。行駛途中因燃燒煤炭會伴隨濃煙，建議穿著深色衣服，避免弄髒。

照片提供 / Tourism Australia

布里斯本 Brisbane

布里斯本陽光明燦爛，戶外活動盛行，散發著悠閒的生活魅力。

布里斯本市區觀光景點

龍柏無尾熊動物園
Lone Pine Koala Sanctuary

➡ 從布里斯本市區搭乘公車445、430即可到達(由於每日班次不多，建議先查詢好公車時刻表，以免錯過上山和下山時間)

如果你到澳洲是想要親自「擁抱」無尾熊的話，那千萬不能錯過這間歷史悠久且擁有最多無尾熊的動物園，且昆士蘭州是僅存可讓遊客親自抱無尾熊並照相的一州，別錯過這難得的機會，和可愛的無尾熊照張相吧！**請注意**：除了入園需要買門票外，要抱無尾熊須另外支付一筆「攝影費」，因此只有和無尾熊合照的人才可以抱喔！

園內除了無尾熊外，遊客亦可觀賞牧羊犬秀、鳥類特技秀，更有機會與袋鼠近距離的接觸，是個大人、小孩都喜歡的動物園。

故事橋
Story Bridge

✉ State Route 15, New Farm QLD 4169 / ➡ 搭乘火車至毅力谷站(Fortitude Valley)，步行約10分鐘

連接布里斯本市區的毅力谷(Fortitude Valley)和袋鼠角(Kangaroo Point)兩區的故事橋，是布里斯本重要的指標性建築，也是世界上唯三可攀登的大橋。傍晚可以在布里斯本河岸旁的餐廳邊享用晚餐，欣賞浪漫夜景。每年9月下旬，這裡也會舉辦布里斯本煙火節。

照片提供 / Tourism Australia

市政府
City Hall

➡ 喬治國王站旁，市中心內步行可到達

位在喬治國王廣場（King George Square）旁，沿著安街（Ann St.）走就可以看到，裡面有免費的美術館、博物館，還可以搭乘電梯到鐘塔，遠眺城市景色，是遊客不可錯過的景點之一。

布里斯本博物館
Museum of Brisbane

http www.museumofbrisbane.com.au / ➡ 搭乘火車至中央車站（Central Station），步行約5分鐘 / ⓒ 10:00～17:00

布里斯本博物館位於市政廳（City Hall）內，是了解布里斯本歷史與文化的最佳地點。館內展出當地藝術、歷史文物與現代設計，並提供免費的市政廳鐘樓導覽（Clock Tower Tour），讓遊客登上鐘樓俯瞰城市景觀。這裡定期舉辦特展與工作坊，為當地文化注入活力，是喜愛藝術與歷史的旅人不可錯過的景點。

▲ 市政廳鐘樓，歷史與現代交融的城市地標
▲ The Local展區，透過窗景探索布里斯本社區故事 

紀念神殿
Shrine of Remembrance

➡ 位在安街（Ann St.）上，布里斯本中央車站（Central Station）對面

步行在安街（Ann St.）路上，很難讓人忽略這座位在城市中的特殊景觀，這是希臘古典式的神殿建築，該神殿是紀念澳洲和紐西蘭聯軍在世界大戰中不幸的犧牲者所建，神殿中間放置著一盆永不熄滅的火（Eternal Flame），就是用來紀念戰爭中的犧牲者。

南岸公園
South Bank Parklands

✉ Clem Jones Promenade, South Brisbane QLD 4101 / ➡ 搭乘渡輪到南岸公園（South Bank）；搭乘公車至文化中心站（Cultural Centre），步行約5分鐘

占地16公頃的南岸公園，1988年原為世界博覽會的展地，後闢為大型的市民公園，公園內

設有BBQ烤肉台、兒童遊樂區、摩天輪還有人造沙灘。假日時會舉辦假日市集，主要販售手工藝品、香氛、飾品等當地設計小物，市集旁集結了各式餐廳，飽餐一頓後再前往人工海灘曬日光浴，夜晚時搭乘布里斯本摩天輪欣賞夜景。

皇后街
Queen Street

▶ 搭乘火車至中央車站(Central)，步行約8分鐘；搭乘公車至皇后街站(Queen Street)

　　皇后街被規畫為人行徒步區，每年有超過2,000萬人次造訪，商店超過700間，其中包含澳洲最大的兩間百貨中心David Jone、Myer，以及各家精品免稅店、紀念品店，來這裡採購紀念品準沒錯！皇后街周邊的百年教堂鬆餅Pancake At The Manor、日式簡餐Koto Sanpo（推薦抹茶甜點）、BBQ韓式料理Maru Korean和泰式料理Pochana，都是值得一訪的餐廳。

植物園
Botanic Gardens

▶ 園區入口眾多，主要的3個入口：1.喬治街(George St.)的國會大樓(Parliament House)入口；2.愛麗絲街(Alice St.)與愛德華街(Edward St.)路口；3.友好橋(Goodwill Bridge)亦可直接連接至園內

　　植物園是鬧中取靜的休憩好地方，園內植物種類眾多，依景觀不同區隔為8個主題區。內有腳踏車專用道，時間充裕的遊客可以租借腳踏車悠遊於園區中，轉換一下城市內繁忙喧囂的氣氛。

路上觀察｜市區特色：澳洲白䴉

走在澳洲市區的街道上，不難看見澳洲白䴉(Australian white ibis)的蹤影。這種大型鳥類在馬路上看似突兀，卻是澳洲街頭常見的風景。澳洲白䴉的頭和腳都是黑色的，翅膀末端亦有黑色斑紋，常出沒在垃圾桶四周尋找食物，因此也被澳洲人戲稱為垃圾鳥(bin chicken)。

貨櫃夜市
Eat Street

✉ 221D Macarthur Avenue Hamilton, QLD 4007 / ➡ 搭乘渡輪至「Northshore Hamilton Ferry Terminal」，步行約10分鐘 / 🕐 週五、六16:00～22:00、週日16:00～21:00 / 💲 $5／人（12歲以下免費），停車免費（入場費用於維護場地清潔和支持夜市裡的表演團體）

這裡的攤販是由一個個貨櫃組成的，有各式各樣的料理，如日式炒麵、墨西哥菜、希臘料理、冰淇淋等。現場演出也是一大看點，至少有3處不同大小的舞台進行著不同的表演，包含Live Band、踢踏舞、火舞、街舞等。舞台前都設有座位區，買好想吃的食物就坐在位置上好好享受表演吧！

庫薩山觀景台
Mount Coot-Tha Lookout

➡ 可搭乘471號公車至Sir Samuel Griffith Dr at Mount Coot-tha站 / 🕐 24小時開放

是布里斯本最知名的觀景台，能夠俯瞰整座城市的壯麗景色，白天遠眺摩頓灣（Moreton Bay），夜晚則可欣賞燈火璀璨的市區夜景。設有咖啡廳與餐廳。夕陽西下時，橘紅色的餘暉染滿天際，吸引許多遊客與攝影愛好者前來。

▲ 從觀景台俯瞰布里斯本燈火通明的城市天際線

庫薩山植物園
Brisbane Botanic Gardens Mt Coot-Tha

🌐 reurl.cc/paxp7b / ➡ 可搭乘471號公車至Mt Coot-tha Rd at Botanic Gardens站 / 🕐 9～3月08:00～18:00，4～8月08:00～17:00

庫薩山植物園是布里斯本規模最大的植物園，擁有豐富的熱帶植物、蕨類、日本花園、仙人掌園等多樣景觀。園內的熱帶圓頂溫室展示了來自世界各地的珍貴植物，還可以參觀免費的天文館（Sir Thomas Brisbane Planetarium）。這裡是探索自然、放鬆身心的好地方，適合親子遊或大自然愛好者。

▲ 懸掛生長的蕨類植物，在陽光下綻放翠綠生機

▲ 樹幹上結滿無花果，展現雨林植物的獨特生態

布里斯本近郊觀光景點

摩頓島
Moreton Island

➡ 島上無大眾交通工具，建議參加旅遊團

從布里斯本碼頭搭船約75分鐘即可抵達，因為形狀像海豚，加上這裡同時是全世界唯一可餵食野生海豚的地方，故有「海豚島」的別稱。島上有豐富的活動：6層樓高的滑沙、在沉船遺跡中浮潛、夜間餵食野生海豚、海上滑獨木舟，以及笑翠鳥（Kookaburra）生態導覽。由於島上道路基本由沙子組成，沒有大眾運輸工具也沒有加油站，建議跟著旅行團安排2日或3日遊。

照片提供 / Tourism Australia

努沙
Noosa

🌐 www.visitnoosa.com.au　➡ 搭乘火車至Nambour站，再轉乘630、631公車至Noosa Heads站（建議安排2天1夜行程）

位於昆士蘭陽光海岸的最北端，距離布里斯本市中心車程約2.5小時，是當地人喜愛的海濱度假城市。與黃金海岸相比，少了觀光區的擁擠、多了一分悠閒與愜意。主海灘（Noosa Main Beach）以及努沙國家公園（Noosa National Park）是必訪景點，其中Fairy Pools是熱門打卡點，不像其他祕境那麼難抵達，沿途還會經過許多漂亮的海灘。

可安排半天至國家公園走走，再去Noosaville的Amo Gelato Caffee買兩球義式冰淇淋，坐在旁邊面海的公園，聽街頭藝人現場演唱。

費沙島
Fraser Island

➡ 島上無大眾交通工具，建議參加旅遊團

費沙島為全世界最大的沙島，擁有古老的熱帶雨林、沙丘、以及100多個淡水湖。島上知名景點有愛麗泉（Eli Cree），有著非常純淨的溪流，比蒸餾水還要清澈；一次世界大戰歷史遺跡瑪希諾沉船（Maheno Shipwreck）；搭水上飛機壯遊幻彩教堂山（Pinnacles Coloured Sands）。

可自駕或跟團，但是自駕需要高底盤的四輪驅動車，若沒有經驗的話，車子容易卡在沙中，建議一般遊客選擇跟團。

黃金海岸 Gold Coast

除了有衝浪者天堂外，還有三大主題遊樂園，是觀光客與澳洲本地人的度假首選。

三大主題樂園

若想造訪黃金海岸的三大主題樂園，建議可在出發前查詢網站上的促銷票券，通常預售票都比現場售票便宜。若打算不只去一個樂園，則可考慮組合票券，搭配購入折扣更多。若來不及在網站上購買，也可以選擇在黃金海岸的市區購票，各家店優惠不同，建議多加比較。

海洋世界 Sea World

除了樂園必備的雲霄飛車外，海洋公園最有看頭的就是大型戶外表演。主要的表演一天2場，有聰明的海豚、海獅精采表演。建議入園時拿取節目時間表，才不會錯過。另外，海洋世界裡有許多近距離觀察動物的機會，一般中午前動物們的精力較旺盛，建議旅客們早點入園參觀。

夢幻世界 Dreamworld

夢幻世界是澳洲最大的主題樂園，除了有刺激的雲霄飛車外，園內還有老虎島（Tiger Island）及澳洲野生動物體驗（Australian Wildlife Experience），讓遊客有機會近距離接觸動物（需另外收費）。

華納兄弟電影世界 Warner Brothers Movie World

在園區裡你會不經意發現自己身在某個電影場景中，還會不時遇見電影中的主角們，別忘了和他們拍張紀念照！園區內還有與電影主題結合的雲霄飛車，是電影迷不能錯過的遊樂園。

照片提供 / Tourism Australia

黃金海岸市區觀光景點

衝浪者天堂
Surfers Paradise

➡ 從黃金海岸機場開車約30分鐘、公車761和777號亦可抵達，約45分鐘車程

　　衝浪者天堂是世界各地衝浪好手聚集地，一般遊客也可以在海灘旁的衝浪店，租借衝浪用具參加衝浪課程。每到夏季（南半球夏季為12～2月）許多人會前往沙灘曬太陽、戲水。周邊餐廳、商店林立，就算是對水上活動不感興趣的遊客也可以度過充實的一天。

天頂瞭望台
Sky Point

🌐 www.skypoint.com.au / ✉ Level 77, q1 building/9 Hamilton Ave, Surfers Paradise QLD 4217 / ➡ 搭乘火車、輕軌或公車至衝浪者天堂站(Surfers Paradise)，下車後步行前往

　　Sky Point位於黃金海岸最高的建築Q1大樓77樓，是南半球最高的大樓，遊客可以搭乘電梯，以43秒的速度到達230米的觀景平台，這是澳洲唯一一個在海邊的觀景台。整層為玻璃帷幕設計，讓遊客360度眺望黃金海岸，白天可欣賞布里斯本到拜倫灣的景色，夜間是黃金海岸的迷人夜景，也有觀景餐廳，膽子夠大的人還可以報名攀爬Sky Point的體驗喔！

賞鯨船

✉ 集合點依各家旅行社而有所不同

　　每年6～12月為澳洲最佳的賞鯨季，鯨魚們從冰冷的南極海域，遷徙前往較溫暖的海域進行生育及交配，途中會經由黃金海岸一路到Hervey Bay避冬，然後再帶著剛出生的鯨魚寶寶回到南部。各家旅行社推出的賞鯨行程大同小異，基本上都是半日遊，大部分都會保證看到鯨魚（若沒有看到鯨魚，可以選擇再參加一次賞鯨團，或者辦理退費）。登船之前記得先吃顆暈船藥，才可以好好享受整趟行程。

照片提供 / Tourism Australia

開始 So Easy! 自助旅行 166
在澳洲

拜倫灣
Byron Bay

✉ Lighthouse Rd, Byron Bay NSW 2481 / ➡ 無大眾交通工具可抵達，建議參加旅遊團或自駕前往

　　拜倫灣雖然是位於新南威爾斯州（New South Wales），但其實很靠近昆士蘭州（Queensland）和新州（New South Wales）的交界處，從黃金海岸出發只需約1.5小時。拜倫灣燈塔（Cape Byron Lighthouse）為澳洲最東邊的燈塔，是觀賞日出絕佳的位置。燈塔旁的停車場車位並不多，過了早上6點之後便很難停車，若太晚抵達，就要在山下尋找停車位，再沿步道上山。

照片提供 / Tourism Australia

鵜鶘餵食秀
Charis Seafood

✉ 371 Marine Parade, Labrador QLD 421 / ➡ 搭乘704、711公車至Grand Hotel站，步行約2分鐘

　　Charis Seafood是黃金海岸著名的海鮮市場之一，有賣熟食也有賣新鮮的螃蟹、蝦子、生蠔，炸魚薯條也很好吃。每天下午13:30左右會有精采的鵜鶘餵食秀，市場的工作人員會將不要的魚頭魚尾拿來餵食棲息在附近的鵜鶘們，過程約10分鐘，眾多鵜鶘搶食十分壯觀，可帶小朋友來欣賞，之後直接在店裡購買海鮮享用。由於是露天座位，要小心海鷗偷偷把你的食物搶走喔。

藍騰酒莊
Mt. Nathan Winery

🌐 mtnathanwinery.com.au / ✉ 220 Clagiraba Rd, Mount Nathan QLD 4211 / ➡ 距離黃金海岸市中心約40分鐘車程 / 🕐 10:00～17:00

　　藍騰酒莊從1852年創立，至今已有100多年，以釀造葡萄酒及獨特的蜂蜜酒聞名。酒莊四周種滿了梧桐樹養蜂，80%的酒都有加進自產的梧桐花蜜，嘗起來甜而不膩，與台灣的蜂蜜口感不同，還有模擬的產品包裝工廠，可深入體驗製酒過程。品酒導覽時，解說員會詳細介紹各年分的紅酒、教學拿起酒杯的方式等，也會讓遊客每一款酒都品嘗過一遍，嘗到喜歡的可現場購買，酒莊也有打包裝箱的服務。

漢密爾頓島特輯

漢密爾頓島(Hamilton Island)位於澳洲昆士蘭州的大堡礁(Great Barrier Reef)群島中，是著名的度假勝地。島上擁有壯麗的海景、豐富的水上活動以及多樣的野生動物，適合家庭旅遊、蜜月度假或單純想放鬆的旅人。

這裡最大的特色之一是「無車島」，私人汽車無法登島，可搭乘免費巴士或租借的電動高爾夫球車。整座島嶼充滿寧靜悠閒的度假氛圍。在這裡可以體驗到美麗的海灘、豐富的水上活動，還有與當地野生動物的有趣邂逅。

▲ 夜晚的漢島鎮中心，鳥兒漫步在道路中央

▲ 叢林深處的小袋鼠，靜靜地佇立在樹影婆娑的棲息地

▲ 3隻鸚鵡悠閒地停在陽台欄杆上，欣賞漢密爾頓島的風景

▲ 寧靜的港灣景色，清晨的陽光灑落在潔白的帆船與遠方的綠色山巒上

觀光方式

高爾夫球車自駕

作為島上最方便的交通方式，特別適合帶長輩或行動不便的旅客。對年輕人來說，高爾夫球車提供了極大的自由度，無論是環島探索還是夜間出遊，都非常便利，可以發掘許多公車不會去到的祕境。

要特別注意，車輛租借需年滿21歲，並持有有效駕照。因在島上的交通規則遵照澳洲昆士蘭州，即使只是高爾夫球車，無駕照者亦不得租借或駕駛。另外不用擔心電量問題，飯店多設有充電站，晚上回飯店充電即可使用一整天。

http www.hamiltonisland.com.au/reserve-your-buggy / ✉ Resort Dr, Whitsundays QLD 4802 / 🕐 週一～六08:00～17:00，週日09:00～17:00 / 💲 $135起 / 天

▲ 電動高爾夫球車是島上主要的交通工具，環保又便利

免費島內巴士

如果不想租高爾夫球車，島上也有免費巴士可搭乘，營運時間為06:50～23:00。

■ **綠線(Green Line)**：環繞度假村區域，約每15分鐘一班。

■ **藍線(Blue Line)**：前往機場、碼頭與主要飯店，約每30分鐘一班。

主要景點

貓眼沙灘
Catseye Beach

島上最熱門的沙灘之一，適合游泳、浮潛、日光浴，還能租借SUP立槳、風帆等水上設備。

▲ 海水清澈的貓眼沙灘，時常有遊客在海裡嬉戲

一樹山
One Tree Hill

島上最佳的觀景台，適合欣賞日落美景。建議在日落前半小時抵達，至觀景台旁的酒吧買杯調酒、找個好位置坐下，即可享受無敵的海島夕陽景色。

▲ 一樹山酒吧的冰沙調酒，是欣賞落日的完美搭配

▲ 在一樹山觀景台欣賞海島的浪漫黃昏時刻

漢密爾頓島碼頭
Hamilton Island Marina

碼頭區域是島上最熱鬧的地方，餐廳、酒吧、商店、超市應有盡有。這裡也是大堡礁與白天堂沙灘（Whitehaven Beach）遊船行程的出發點。

特殊活動體驗

水上運動

- **浮潛與潛水**：島上有多個適合浮潛的地點，也可以參加出海浮潛的半日行程。
- **獨木舟與立槳**：在海邊輕鬆划行，欣賞海景。
- **雙體帆船**：4人乘坐的風帆可自己掌控風向，乘風破浪的感覺非常過癮。

大堡礁與白天堂沙灘遊覽

- **直升機或水上飛機**：俯瞰大堡礁心形礁（Heart Reef）。
- **遊船行程**：前往世界著名的白天堂沙灘，欣賞細緻的白色沙灘。

▲ 島上特色的水上設施雙體帆船

▲ 揚帆出海，感受漢密爾頓島的水上冒險與自由

伯斯 Perth

伯斯是澳洲西岸第一大城，想去西澳觀光的人幾乎都會選擇由伯斯進出。

照片提供 / Tourism Australia

伯斯市區的國王公園和植物園、西澳博物館、錢幣鑄造局、天鵝鐘樓，都是觀光客必去景點。郊區則有觀光工廠和釀酒場群聚的天鵝谷、自然美景保存良好的羅特尼斯島，可進行1～2日遊。若時間充裕還可探訪自然奇景尖峰石陣沙漠，或世界知名的坡浪岩。

粉紅湖 Hutt Lagoon

http www.westernaustralia.com/en/attraction/hutt-lagoon/59cb40e112f8967834c0e22f / ✉ Hutt Lagoon Pink Lake, Yallabatharra, Western Australia, 6535

伯斯著名的粉紅湖之一，靠近海岸線，長達14公里，被譽為「上帝遺落的玫瑰」。除了每年1～2月時，澳洲政府會把湖中的水分大量蒸乾，導致湖面縮小，其餘時間只要天氣晴朗，基本上都看得到。湖中鹽分比海水還高，利於杜氏鹽藻生長，這種藻類會產生大量胡蘿蔔素，將湖水染成粉紅色，高溫及陽光照射更加速其生長，使表面呈現胭脂紅。岸邊整片都會有鹽巴結晶，陽光照射下如玫瑰水晶般閃閃動人，非常夢幻。由於位在伯斯以北距離500公里，車程約5個小時，建議順道安排伯斯北邊其他景點一起玩。

照片提供 / Tourism Australia

巴瑟爾頓碼頭 Busselton Jetty

http www.busseltonjetty.com.au(建議事先上網訂票，現場可在碼頭處購買) / ✉ 15 Foreshore Parade, Busselton WA 6280

巴瑟爾頓碼頭是南半球最大的碼頭，也是南半球最長的木棧橋，全長共1.8公里。日本動畫大師宮崎駿所繪製的《神隱少女》電影中的海中列車，靈感就來自於巴瑟爾頓橋上向海中央行駛的小火車。搭乘海上火車到木棧道的盡頭即抵達海底觀景台，從觀景台窗戶可見支持木棧橋的木樁上長滿了海草、珊瑚，且圍繞著豐富的魚群。火車往返與海底觀景台皆需購票。

照片提供 / Tourism Australia

世界之窗
Nature's Window

🔗 exploreparks.dbca.wa.gov.au/site/loop-and-natures-window / ✉ albarri National Park WA 6536

　　世界之窗是卡爾巴里國家公園（Kalbarri National Park）最著名的景觀之一，因岩石長期風化，侵蝕出了一個洞，整體宛如一扇窗戶，透過窗戶可眺望整個峽谷及莫奇森河。國家公園內有分1公里及9公里的步道，只欣賞世界之窗可選擇1公里的。世界之窗。夏天氣溫有可能高達40度，切記備足水、做好防曬。

照片提供 / Tourism Australia

藍色小屋
Blue Boat House

✉ 1 Kings Park Ave, Crawley WA 600 / ➡ 搭乘市區免費公車CAT Bus藍線至Kings Park站，下車後步行前往

　　位在國王公園（Kings Park）周邊的藍色小屋，距離伯斯市中心約5公里，原本只是一個平凡的船棚，曾因年久失修而被轉賣過好幾手，2001年伯斯市長接手後，其兒子將它重新翻修並漆成藍色。因為是私人財產，所以裡面不對外開放參觀，屋外藍色小屋、天鵝河與天空連成一線，景色迷人，被許多旅遊雜誌列為「伯斯十大必去景點之一」，可安排下午造訪藍色小屋後，晚上再去國王公園欣賞夜景。

國王公園與植物園
Kings Park and Botanic Garden

🔗 www.bgpa.wa.gov.au/kings-park / 🕐 全天開放(部分設施如遊客中心、紀念館有特定開放時間) / ➡ 從伯斯市中心搭乘935號公車，可直接抵達公園內的Fraser Avenue入口

　　國王公園是伯斯最具代表性的景點之一，擁有比紐約中央公園更廣闊的面積，可欣賞壯麗的天鵝河（Swan River）及城市天際線景觀。這座公園擁有超過3,000種澳洲本土植物，9～11月為野花盛開季節，是賞花的最佳時機！

費里曼圖特輯

費里曼圖(Fremantle)是澳洲西澳州的一座港口城市，距離伯斯約30分鐘車程，融合了悠久的歷史、迷人的海港風光與豐富的藝術文化。這座城市以其保存良好的19世紀建築群、豐富的歷史古蹟、熱鬧的市集與美食而聞名，是西澳旅遊不可錯過的目的地。

▶ 從珀斯中央車站搭乘Fremantle Line，至Fremantle Station站，再步行前往

費里曼圖市集
Fremantle Market

▶ www.fremantlemarkets.com.au / ✉ South Terrace &, Henderson St, Fremantle WA 6160 / ▶ 距離伯斯市中心搭火車約40分鐘

費里曼圖(Fremantle)是伯斯的海港城市，是所有來伯斯自由行的旅客必前往的景點。市集只有週五、六、日營業，分為兩區，一區為美食區，販售各國美食，另一區是新鮮蔬果、農產品、起司、蜜糖、手工飾品等。市區內還有許多景點，例如費里曼圖市政廳（Fremantle Town Hall）、圓屋監獄（Round House）、費里曼圖監獄（Fremantle Prison）、西澳海事博物館（WA Maritime Museum）、漁船碼頭（Fishing Boat Harbour）等。傍晚時可到海邊餐廳享用海鮮和啤酒，度過完美的一天。

費里曼圖監獄
Fremantle Prison

▶ fremantleprison.com.au / ⏰ 09:00～17:00(特定導覽時間另行安排，燭光夜遊需預約)

費里曼圖監獄是西澳唯一被列入世界文化遺產的建築，建於1850年代，曾用來關押來自英國的罪犯，直到1991年才正式關閉。現在提供歷史導覽、燭光夜遊、地下隧道探險等多種體驗。不論是歷史迷還是尋求刺激的遊客，這裡都是費里曼圖最值得參觀的景點之一！

浴場海灘
Bathers Beach

費里曼圖最迷人的海岸之一，擁有細白沙灘與湛藍海水，適合漫步、曬太陽或在黃昏時欣賞壯麗日落。這裡還有Bathers Beach House餐廳，提供戶外座位，讓旅客能邊享受美食邊欣賞海景。

天鵝谷 觀光工廠特輯

伯斯的品酒之旅首選天鵝谷,這裡有好幾座知名酒莊,建議跟團才能喝得盡興。而沿途還有巧克力工廠、蜂蜜工廠、牛軋糖工廠等,有吃、有玩又能欣賞美景,安排1日遊剛剛好。

牛軋糖工廠
Mondo Nougat

mondonougat.com.au / 640 Great Northern Hwy., Herne Hill, WA 6065 / 週二～五09:30～16:30、週末09:30～17:00,週一休,聖誕節期間營業時間不定

澳洲知名的牛軋糖品牌,屬於較軟的種類,現場可以免費試吃2個。雖然單價不便宜,但仍是許多人伴手禮的必買品項。

咖啡工廠
Yahava Koffee Works

www.yahava.com.au / 4752 West Swan Rd., West Swam, WA 6055 / 每天09:00～17:00,聖誕節期間營業時間不定

這裡除了是咖啡廳外,還有現場示範咖啡豆烘焙,專業的咖啡師在一旁解說,還能選擇想要試喝的咖啡。對咖啡沒研究也沒關係,點杯咖啡坐在戶外座位,享受讓人心曠神怡的自然美景。

蜂蜜工廠
The House of Honey

www.thehouseofhoney.com.au / 867 Great Northern Hwy., Herne Hill, WA 6056 / 每天10:00～17:00,聖誕節期間不營業

小巧的店鋪內還附設咖啡廳,可以在這裡享受悠閒的早餐時光,使用蜂蜜製成的甜點也是必點美食。店內有多種蜂蜜可自由試吃,此外還有不少由蜂蜜製成的產品可選購。

巧克力工廠
The Margaret River Chocolate

chocolatefactory.com.au / 5123 West Swan Rd., West Swam, WA 6055 / 每天09:00～17:00,聖誕節不營業

可以試吃巧克力,隔著透明玻璃可看見巧克力生產過程,是小朋友最愛的地方。可以挑選具有澳洲代表的紀念品,西澳才有的短尾矮袋鼠造型巧克力,是人氣商品之一。

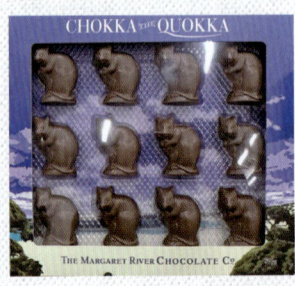

羅特尼斯島特輯

羅特尼斯島(Rottnest Island)位於澳洲西部，可由伯斯搭船前往，是來西澳的必訪之地。從前來此探險的荷蘭人，上岸後發現島上有許多老鼠，便把這裡稱為「鼠窩」(rat nest)，即是島嶼名稱的由來。至於他們看見的老鼠，則是只分布在這一區塊的「短尾矮袋鼠」(Quokka)，由於體型小、與人親近，許多遊客和牠們自拍後上傳至網路，讓牠們得到了「世界上最快樂的動物」稱號。

羅特尼斯島的自然美景、短尾矮袋鼠可愛的身影，令許多旅客慕名而來。想探訪此地有多種不同玩法，粗略探索的1日遊，或是悠哉放鬆的3日遊，都可以在這裡辦到。

和可愛的Quokka來張自拍吧！

http 羅特尼斯島官方網站：www.rottnestisland.com

觀光方式

根據旅客待的天數長短和族群不同，可選擇最適合自己的旅遊模式。以下為大多數旅客的島內交通方式：

單車

可在訂船票時就選擇單車租借套票，下船後在碼頭領取車子，若臨時才想租借單車，也可在島上的租車店借。騎單車環島可隨興在自己喜歡的地方停車，但島上有許多坡道，上上下下非常考驗體力，建議把體能狀況也考慮進去。

探索巴士(Island Explorer Bus Service)

這是一台環島巴士，共有20個停靠點，每20分鐘一班，沿著海岸線行駛，風景讓人心曠神怡。若時間有限可挑選主要景點下車即可，車上司機不僅是駕駛，還會沿途親切地介紹當地風景。成人票價$25，4～12歲$18，另有家族優惠票(2大2小)$69，可在島上的遊客中心直接購買。

http www.adamspinnacletours.com.au，點選「Full Day Tours」尋找「Rottnest Island－Island Explorer Bus Service」

火車環島團(Grand Island Tour)

必須跟團，火車主要走的是內陸線，會有導遊

一路講解自然環境與歷史故事，也會下車參觀重要景點。整趟行程約為4小時，費用為成人$89，5～12歲$55，包含午餐輕食。

http experience.rottnestisland.com/WebStore/shop/ViewItems.aspx?CG=riastore&C=git

島上住宿

島上有適合家庭居住的獨棟小木屋、也有經濟實惠的多人合宿房，能滿足不同預算的旅客。若有住宿需求，建議提前預訂，旺季時一房難求。

http www.rottnestisland.com/accommodation

島上飲水

不像澳洲本土看見自來水基本上都可以生飲，在羅特尼斯島上只有特定的水源可供飲用。旅客可下載島上地圖，或至遊客中心索取免費紙本地圖，上面都有標示可飲用水源的地點。

路上觀察 島上特色：短尾矮袋鼠

Quokka多出沒在樹灌叢附近，在島上不難看見牠們的身影。牠們只吃植物，常常會看見牠們抓著樹葉啃食的可愛畫面。如果運氣好還可以見到小袋鼠在大袋鼠的袋子中，甚至跑出來玩耍的景象。雖然真的長得很可愛，但請不要任意餵食以及觸摸，可是會被處以罰金的。

伯斯－羅特尼斯島交通看這裡

從伯斯出發至羅特尼斯島，可從以下表格中的4地乘船。有3家主要的渡輪公司（各家營運碼頭不同），根據淡旺季、每日時段不同，船票價差非常大。建議提早訂票，較容易拿到優惠。

Rottnest Express：rottnestexpress.com.au
Rottnest Fast Ferries：www.rottnestfastferries.com.au
SeaLink Rottnest Island：www.sealinkrottnest.com.au

渡輪公司 乘船處／航程時間	Rottnest Express	Rottnest Fast Ferries	SeaLink Rottnest Island
Fremantle (B Shed) 約25分鐘	√	-	√
North Port (NorthFremantle) *1 約25分鐘	√	-	-
Hillarys Boat Harbour *2 約45分鐘	-	√	-
Barrack Street Jetty 約90分鐘	√	-	√

＊1.Fremantle (B Shed)和North Port (North Fremantle)乘船處容易搞混，出發前應再次確認。
＊2. 此處離伯斯市區較遠。

主要景點

在羅特尼斯島上不只看風景，也可從事水上運動、跳傘、健行等各種活動，以下為幾個大多數遊客必訪之地，想要好好探索羅特尼斯島，建議抵達後先去遊客中心拿份地圖，好好研究一下。

Little Salmon Bay

位於島嶼南方的海灣，乾淨的沙灘配上湛藍的海水，不像其他觀光海灘過多的人潮，可以在這裡游泳、浮潛。

West End

羅特尼斯島的最西邊，每年9〜12月有較高的機會可以在這裡看見鯨魚。就算沒看見鯨魚，平時也可見到海豚和海豹。

Thomson Bay

搭乘渡輪皆在此處下船，因此是遊客的必經之地。一下船即可看見遊客中心，可進去蒐集島上的旅遊資訊。島上的餐廳、商店、超市都聚集在此。人氣超高的明星動物「短尾矮袋鼠」也常出沒在餐廳外的街道，不用在島上特意尋找，在這區就可以輕易見到。

▲ 羅特尼斯島遊客中心

Wadjemup Lighthouse

燈塔位於羅特尼斯島的中部，這裡是島上的制高點，始建於1849年，經過幾次翻修後現在的高度為38.7米，搭乘探險巴士後需爬坡約10分鐘可抵達。除了可在此鳥瞰羅特尼斯島，燈塔也可入內參觀(需付費)，每天的11:00〜14:30還有開放塔內導覽。

阿德雷德 Adelaide

阿德雷德是南澳首府，融合自然風光與美酒，被譽為最適合生活的城市之一。

阿德雷德植物園
Adelaide Botanic Garden

ww.botanicgardens.sa.gov.au/visit/adelaide-botanic-garden / 07:15～18:00(夏季～19:00) / 搭乘輕軌Glenelg Tram至Botanic Gardens站，步行約2分鐘可達

阿德雷德植物園擁有超過50公頃的綠意空間，種植來自世界各地的珍稀植物，並設有多個主題花園，包括亞馬遜睡蓮池、澳洲雨林區與玫瑰園。週末也經常有活動，是本地家庭假日散步與放鬆的好地方。

阿德雷德中央市場
Adelaide Central Market

adelaidecentralmarket.com.au / 週二、四07:00～17:30，週五07:00～21:00，週六07:00～15:00，週日、一休息 / 搭乘Glenelg Tram至Victoria Square站，步行約3分鐘可達

阿德雷德中央市場是南半球最大、最熱鬧的室內市場之一，擁有超過150家攤位，販售當地最新鮮的水果、蔬菜、海鮮、起司、熟食與特色小吃。這裡是當地人購買食材的首選，吸引無數遊客前來體驗阿德雷德的飲食文化。

南澳州立圖書館
State Library of South Australia

🔗 www.slsa.sa.gov.au / 🕐 週一～五10:00～20:00，週六～日10:00～17:00 / ➡ 搭乘火車至Adelaide Railway Station，步行約5分鐘

南澳州立圖書館是阿德雷德最具歷史與文化價值的地標之一，收藏了豐富的文獻、珍貴書籍與歷史檔案。館內最受歡迎的空間是莫頓灣無花果木質書庫（Mortlock Wing），這座建築擁有兩層樓高的書架與壯觀的玻璃天窗，建於19世紀，被譽為「全澳洲最美圖書館之一」。

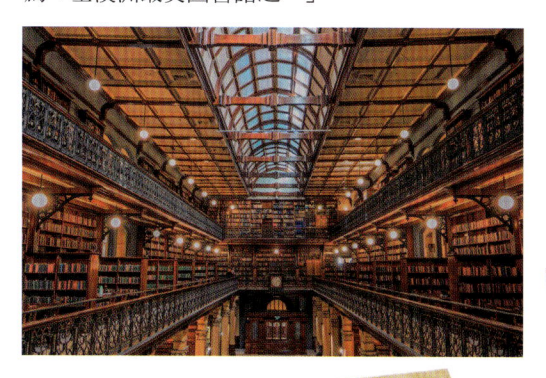

MOD

🔗 mod.org.au / 🕐 週二～四、六10:00～17:00 / ➡ 搭乘輕軌至City West，下車即抵達

阿德雷德最具未來感的互動科學與藝術博物館，融合了前衛科技、創新設計與社會議題。展覽內容以體驗式互動為主，探索思考未來世界的可能性，是一處充滿啟發性的創意空間，適合所有年齡層。

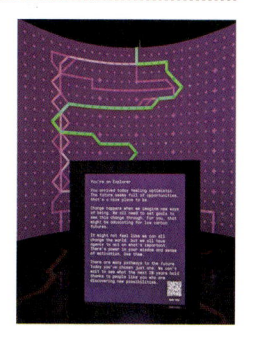

蘭道購物街
Rundle Mall

🔗 rundlemall.com / 🕐 週一～四09:00～17:30，週五09:00～21:00，週六、日09:00～17:00 / ➡ 搭乘輕軌至Rundle Mall站，下車即抵達

阿德雷德市中心最繁華的購物區，街道兩旁林立著大型百貨公司、品牌旗艦店與特色小店。是當地人逛街、購物、享受街頭藝人表演的休閒好去處。別忘了順道造訪Haigh's Chocolates，是南澳歷史最悠久且最知名的巧克力品牌之一，可品嚐濃郁香醇的在地手工巧克力。

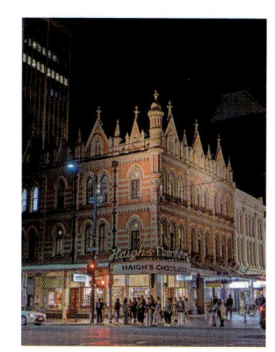

阿德雷德大學、南澳大學
University of Adelaide & University of South Australia

🔗 adelaide.edu.au、unisa.edu.au / ➡ 搭乘輕軌至University站，下車即抵達

阿德雷德大學是澳洲最古老且享有盛譽的學府之一，以卓越的學術研究聞名。鄰近的南澳大學則以實用取向和業界連結著稱。兩所大學的校園緊密相連，環境優美，融合歷史建築與現代設計，適合散步感受學術氛圍與城市活力。

塔斯馬尼亞 Tasmania

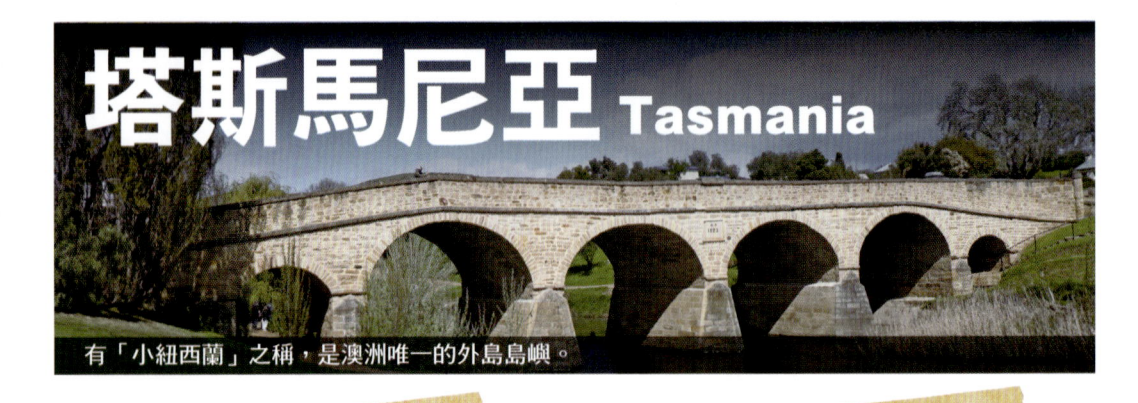

有「小紐西蘭」之稱，是澳洲唯一的外島島嶼。

新舊藝術美術館
Museum of Old & New Art (MONA)

mona.net.au / 655 Main Rd, Berriedale TAS 7011 / 館方提供接駁巴士，於荷伯特機場和荷伯特市區可上車；提供接駁遊艇於荷伯特港口上船 / 10:00～17:00

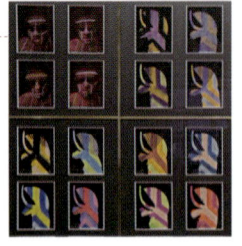

澳洲最大的私人美術館，創辦人是以賭博致富的億萬富翁David Walsh，館內大多是他的個人收藏，他曾說MONA是「成人的顛覆性迪士尼樂園」，不同於常規藝術館，憑藉新奇古怪、具有爭議性的收藏品吸引注目。另外還有飯店、酒莊、啤酒廠、咖啡廳、酒吧、餐廳，以及劇院舞台等，非常多元，每年1月會舉辦藝術與音樂節「MONA FOMA」，邀請當地及國際的古典、另類音樂表演者演出。

布魯尼島
Bruny Island

www.brunyisland.org.au / 島上無大眾交通工具，建議參加旅遊團(建議規畫2天1夜行程)

布魯尼島位於塔斯馬尼亞外海，分為北島及南島，北島地勢平緩、南島則是山區地形，中間由狹長的沙質地岬連結，島上幾乎沒有柏油路，環境自然。最著名的景點The Neck觀景台，可360度俯瞰島嶼全景，運氣好還可看到企鵝回巢。

推薦生蠔餐廳Get Shucked，有全澳最新鮮又肥美的生蠔；起司工廠Burny Island Cheese Company，可觀賞起司製作過程，再點一盤起司拼盤搭配紅酒好好享受！

薩拉曼卡市集
Salamanca Market

🌐 salamancamarket.com.au / ✉ Salamanca Pl, Hobart TAS 7001 / ➡ 搭乘726、750公車，下車後步行約5分鐘 / 🕐 每週六08:30～15:00

　　曾有人說：「如果沒有逛薩拉曼卡市集，就像沒來過荷伯特！」薩拉曼卡市集最早於1972年舉行，廣場的前身是一列貨倉，當地政府將其改造為露天市集，每週六都會聚集超過300個攤位，動線規畫良好，大約2～3小時能逛完。有販售塔斯馬尼亞的特產—蜂蜜、薰衣草熊跟薰衣草相關製品，週六來時可不要錯過。

亞瑟港監獄
Port Arthur

🌐 portarthur.org.au / ✉ Historic Site, Visitor Centre, Port Arthur TAS 7182 / ➡ 無大眾交通工具可抵達，建議參加旅行團或自駕前往 / 🕐 09:00～17:00

　　亞瑟港前身為伐木營地，因地勢險要，於18世紀時改建為英國與愛爾蘭重刑犯與精神病患的關押所，現留下超過30棟具有歷史性的建築，於2010年被列為世界文化遺產。可搭乘渡輪到港灣外，欣賞海岸地形及遠觀亡者之島（Isle of the Dead），整趟渡輪導覽大約20～30分鐘。

　　也因為此處靈異事件頻傳，亞瑟港更推出幽靈之旅、靈異事件偵查團的活動，膽子大的遊客可以來體驗。

里奇蒙小鎮
Richmond

➡ 從荷伯特市區搭乘726公車，車程約50分鐘

　　塔斯馬尼亞的歷史重鎮，有澳洲最古老的里奇蒙橋（Richmond Bridge）、聖約翰教堂（St John The Evangelist's Church），以及里奇蒙監獄（Richmond Gaol）。全鎮保留50多座19世紀的建築，現被改造為旅館、餐廳、藝廊等，處處是設計十分對稱的喬治亞式建築，其窗戶被分割為許多小方格，走在小鎮會有種時光倒退的錯覺。

　　也別錯過Bridge St上Czegs' Cafe的蜂蜜蛋糕，甜而不膩的蜂蜜與鮮奶油完美融合，是離開後一定會懷念的滋味！

激流峽谷
Cataract Gorge

🌐 www.launcestoncataractgorge.com.au/index.html / ✉ 74-90 Basin Rd, West Launceston TAS 7250 / ➡ 從朗瑟士敦市區搭乘165公車，車程約20分鐘；距離朗瑟士敦市中心車程約2分鐘 / 🕐 平日09:00～17:00，假日10:00～16:00

這裡擁有世界上最長的單軌纜車，全長共282公尺，乘坐時間約6分鐘，居高欣賞，仔細看還可看到野生的孔雀與袋鼠。還有多條健行步道，可沿步道欣賞壯麗河景。此外，峽谷區內的亞歷山大吊橋（Alexandra Suspension Bridge）、南艾斯克河（South Esk River）出口處的國王橋（King's Bridge）也是重要地標。

照片提供 / Tourism Australia

酒杯灣
Wineglass Bay

🌐 www.wineglassbay.com / ✉ Coles Bay Rd, Coles Bay TAS 7215 / ➡ 無大眾交通工具可抵達，建議參加旅行團或自駕前往

位於塔斯馬尼亞東岸的菲欣納國家公園（Freycinet National Park）內，與搖籃山並列塔斯馬尼亞必去的觀光景點，因地形酷似紅酒杯，且早期此處有捕鯨活動，將海水染成腥紅色，故而得名。進入菲欣納國家公園的門票可在遊客中心購買，登山入口即在停車場旁，約步行1.5小時即可抵達沙灘觀景台；另外還有一條路線為Mt Amos，難度較高，總長約4.1公里、高度約450公尺，來回約需4小時，登頂後可俯瞰整個海灣。

照片提供 / Tourism Australia

羅斯小鎮
Ross

➡ 從荷伯特市區搭乘702公車，車程約2小時

傳聞是宮崎駿《魔女宅急便》的發想地，鎮上有名的麵包坊Ross Bakery與動畫中的場景極為相仿，尤其提供的住宿房型與琪琪的房間相似度極高！Ross Bakery經營超過100年，以古法燒烤的麵包外酥內軟，其香草蛋糕及干貝派也是鎮上有名。鎮中心十字路口的4個角落有4棟建築物：酒吧、監獄、法院與教堂，各自代表「誘惑」、「詛咒」、「救贖」與「重生」，頗有寓意。此外，羅斯橋（Ross Bridge）的圓拱上面雕刻了186幅雕像，當年雕刻的囚犯石匠因為雕刻得太精美，因此獲得了特赦。

搖籃山
Cradle Mountain

🌐 parks.tas.gov.au/explore-our-parks/cradle-mountain / ➡ 無大眾交通工具可抵達，建議參加旅行團或自駕前往

聖克萊爾湖國家公園（Cradle Mountain-Lake St Clair National Park）擁有塔斯馬尼亞島上最高的奧斯薩山（Mt. Ossa），以及最深的淡水湖聖克萊爾湖。搖籃狀的群山是由幾億年前的冰川作用自然形成。這裡有著「徒步者天堂」的美譽，登山路線眾多，各種等級都有，從老少閒宜的鴿子湖環湖步道（Dove Lake Circuit，2小時），到難度超高的搖聖徒步道（Overland Track，6天），沿路有機會看到澳洲袋熊，及塔斯馬尼亞獨有的袋獾。

照片提供 / Tourism Australia

布萊德斯托薰衣草農場
Bridestowe Lavender Farm

🌐 bridestowelavender.com.au / ✉ 296 Gillespies Rd, Nabowla TAS 7260 / ➡ 無大眾交通工具可抵達，建議參加旅行團或自駕前往(距離朗瑟士敦約50公里) / 🕘 09:00～17:00，聖誕節不營業

南半球最大的薰衣草農場，也是目前全球薰衣草產品輸出量最大的農場之一。此地區有肥沃的火山灰土壤，年均降雨量達900毫升，加上充足的日照，十分利於薰衣草種植。設有紀念品店和咖啡廳，薰衣草相關製品深受遊客喜歡，還有風靡全球的薰衣草小熊玩偶。每年12月初到1月為最佳的賞薰衣草月分。

照片提供 / Tourism Australia

181 Traveling So Easy! in Australia

玩樂篇

應用英語 ABC

應用單字
- 遊客中心　Information centre
- 1日遊　One-day tour
- 開放時間　Opening hour
- 音樂會　Concert
- 入場費　Admission

實用會話
- 哪裡有旅客中心？　Where is the information centre?
- 哪裡可以買票呢？　Where can I buy the ticket?
- 這星期有什麼音樂會嗎？　Is there any concert on this week?
- 有任何推薦的1日遊行程嗎？　Is there any one-day tour you recommend?
- 我迷路了，請問您可以告訴我如何回到＿＿＿旅館嗎？
  I just lost my way, could you please tell me how can I go back to ＿＿＿ hotel?

通訊 & 應變篇
Communication & Emergencies

在澳洲打電話、上網、寄信，
發生緊急狀況怎麼辦？

在澳洲，如何上網查資訊？如何與朋友聯繫？有哪些好用APP能讓自助旅行更加聰明快捷？
萬一生病、遇到緊急事件，或是發生找不到廁所的窘境，該怎麼辦？
本單元將提供多種工具與管道，幫助你隨機應變。

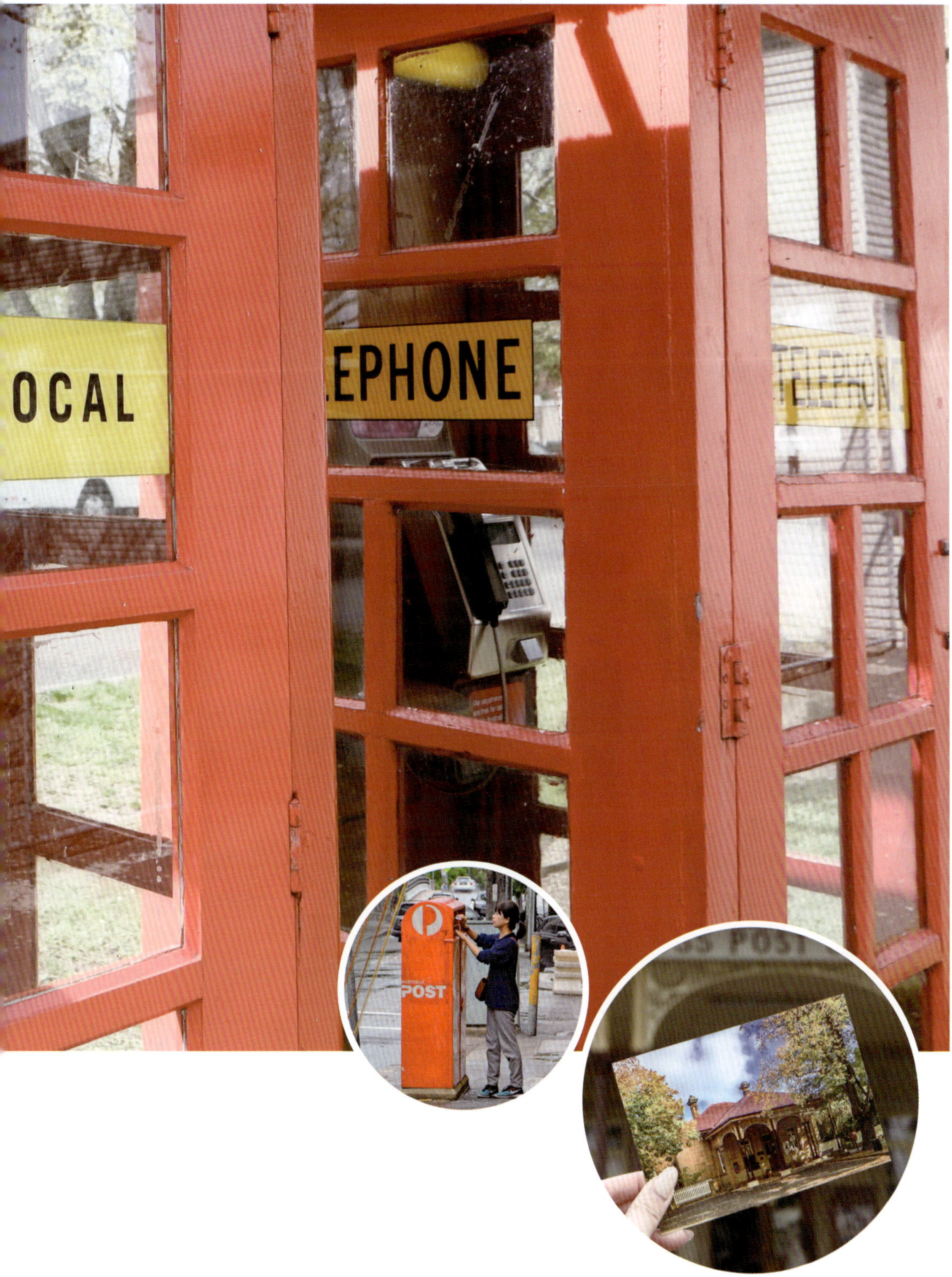
OCAL
EPHONE
POST

打電話、上網、郵寄

因應大量觀光客，澳洲電信公司推出多種 SIM 卡方案。

打電話

從台灣打電話到澳洲

國際冠碼+澳洲國碼+區域號碼+電話號碼

先撥中華電信的國際冠碼「002」、「009」、「012」，或其他電信公司的國際冠碼，再撥打澳洲國碼「61」、區域號碼(如前面有0需去掉)、電話號碼。

撥打方法	國際冠碼+	國碼+	區域號碼+	電話號碼
打到市內電話	002 / 009 / 012 等等	61	2 (雪梨，要去0)	8碼
打到手機	002 / 009 / 012 等等	61	4 (要去個0)	8碼

澳州區域號碼列表

昆士蘭州	07	坎培拉特區	02	塔斯馬尼亞州	03	西澳州	08
新南威爾斯州	02	維多利亞州	03	南澳州	08	北領地	08

從澳洲打電話回台灣

國際冠碼+台灣國碼+區域號碼+電話號碼

先撥國際冠碼「0011」或接駁號碼，再撥台灣國碼「886」，加上區域號碼(去0)，最後撥電話號碼。

撥打方法	國際冠碼+	國碼+	區域號碼+	電話號碼
打到市內電話	0011	886	2 (台北)或其他區域碼(要去0)	7碼或8碼
打到手機	0011或「＋」	886	9 (要去0)	8碼

上網

電信公司預付卡

澳洲電信公司為因應大量觀光客，推出各種SIM卡方案，遊客通常會以「天數」和「流量」來評估，例如對網路需求不高，可選擇低流量的方案，再搭配公共的免費網路。要注意部分預付卡只提供上網服務，無法打電話。如果不清楚方案的差異，可直接向店員諮詢，購買後也記得請店員幫忙開卡，省去自己摸索的時間。在機場入境大廳就有很多電信公司的櫃檯，一到澳洲即可辦好預付卡。

短期旅遊推薦方案

選擇預付卡需考量天數和行程範圍，若是一般短期觀光，可以考慮購買Optus的My Prepaid Daily Plus方案。此方案為預先儲值$10澳幣，每日扣除$2澳幣，可使用500mb的網路流量，超過會自動再扣$2澳幣，單日上限1G。澳洲國內通話和簡訊功能不另外收費，預付卡有效期限30天。

租借Wi-Fi分享器

在台灣租借Wi-Fi分享器也是一種方案，不過需要事先申請並在台灣取貨（可選擇在機場領取及歸還），在取機時櫃檯人員會詳細講解使用方法。若同行人數較多，或一人有多個電子設備需要上網，分享器是不錯且CP值高的選擇，價格大約落在台幣$200～$300／天，操作簡單且輕便。

貼心 小提醒

可事先購買預付卡

若擔心到了澳洲當地語言不同無法買到適合的預付卡，可以事先上KKday、KLOOK等旅遊平台預先購買預付卡，皆有提供台灣機場取貨或寄送到府的服務，到了澳洲當地後依照開通說明直接插卡做使用即可。

有推出遊客方案的主要電信公司比較

電信公司	Telstra	Optus	Vodafone
網址	www.telstra.com.au	www.optus.com.au	www.vodafone.com.au
說明	1.涵蓋率和速度最好，所以價格稍貴 2.適合行程涵蓋大城市以外的遊客	1.涵蓋率佳 2.適合一般短期觀光旅客：My Prepaid Daily Plus方案	1.涵蓋率和速度沒有Telstra和Optus好

好用APP

隨著智慧型手機和網路的普及，出國旅遊下載當地好用的APP能讓旅程更加順暢。在出國前不妨先將幾個需要用到的APP下載到你的手機。

美食餐廳

Uber Eats
澳洲最大的食物外送平台之一，平台上的餐廳美食俱全，外送員也很多、送餐速度非常快速。

Menulog
澳洲送餐服務區域涵蓋最廣的平台，有超過一萬間餐廳，涵蓋70種不同國家及地區的美食。

EASI
華人最大的外送平台之一，有許多亞洲餐廳，特定時段有優惠折扣，司機及客服都為華人，APP介面也有中文。可以刷卡。

DoorDash
近幾年新加入的外送平台，時常有優惠券或折扣碼可以使用，價格較便宜，還有提供Coles、Woolworths當地超市的代買代送服務，非常便利。

Hungry's Jack Shake
澳洲速食店Hungry's Jack，每天可以搖搖一次領取優惠券，常有免費漢堡、薯條、飲料可以領取，但是必須在Hungry's Jack的門市附近才可以使用。

MyMacca's
澳洲麥當勞，常有不同的優惠，如整單8折、$1冰沙、$8套餐等。可先點餐再到店領取，節省時間。

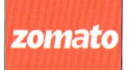

Zomato
可查詢餐廳的詳細資訊，如營業時間、地址、電話、菜單，以及網友的真實評價，更貼心的是還可以預估人數的餐點花費。Zomato嚴格審核每條評價，避免餐廳灌水，滿可靠的，可免於踩雷。

交通地圖

Google Map
Google Map提供全球的電子地圖服務，是出國必備的旅遊APP，只要有地圖就不怕走丟。

Uber
設定好目的地後會事先告知乘車費用，也有多款車型可選擇，需要事先付費才能叫車，無法使用現金。車輛較，所以等待時間較短。

DiDi Rider
比Uber費用便宜一些，且時常有優惠折價券，缺點是司機不像Uber這麼多，配對時間較長。事先付費才能叫車，無法使用現金。

Opal Travel
新南威爾斯州的官方交通APP，可查詢雪梨詳細的車站地點和轉乘時間。輸入澳寶卡卡號，還可查詢卡內餘額及目前累積的旅程紀錄。

187 Traveling So Easy! in Australia

通訊、應變篇

Public Transport Victoria
維多利亞州的官方交通APP，可查詢墨爾本詳細的車站地點、班次出發、抵達和轉乘的時間。

My Translink
昆士蘭州的官方交通APP，可查詢布里斯本詳細的車站地點和轉乘時間，還會顯示不同路線和時間所需的車資。布里斯本的大眾運輸工具會因不同時段而價格不同，都可以查詢得到。

Go Get
類似台灣的iRent共享汽車，APP可查看哪裡有可使用的汽車，掃描車上的QRcode即可用車。全澳都有Go Get的據點，還可以A地租車、B地還車，機動性強十分方便。

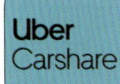

Uber Carshare (Car Next Door)
租車版的Airbnb，由當地人出租自己的汽車給需要的人，價錢便宜，取車也十分彈性。搜尋自己所在的城市，就可以看到哪裡有車可以租借，油錢還可以報銷，十分划算。

生活實用

Weatherzone
由澳洲氣象局及民間共同合作，準確度與可信度都相當高，APP內會自動顯示所在地區的溫度、降雨機率、雨量以及紫外線量，也可以搜尋澳洲境內任何地區的天氣，還可以看到每小時溫度和下雨概率圖。

Tourist Refund Scheme
澳洲官方推出的APP，可事先填寫退稅信息，減少現場排隊時間。(詳見P.125)

Emergency Plus
澳洲政府官方緊急救助APP，使用此APP撥打000，可搜尋定位到撥打者的手機，有效率且精準地前往救難地點，也可以連結到當地警察的協助專線。

Alert2Me
查詢最新的災害資訊，了解即將前往的地區是否有危險。澳洲地廣人稀，去到澳洲非市區的地區，需要特別小心自然災害，例如：森林大火、豪大雨、冰雹、水母入侵等。

OzBargain
澳洲最大的優惠與折扣資訊平台，提供促銷、折扣碼、與各式各樣的好康優惠資訊，很適合精打細算的消費者。

超市

Woolworths
澳洲兩大超市之一，可迅速搜尋到超市的位置，以及每週特價的好康資訊。

Coles
澳洲兩大超市之一，可迅速搜尋到超市的位置，以及每週特價的好康資訊。

郵寄

澳洲郵局為民營化，店內明亮，且販售許多商品，和印象中的郵局相差很多。想要寄卡片、明信片的遊客可以直接在郵局買郵票，通常郵局門口就會有郵筒可以投遞了。

郵筒分為2種，不分澳洲國內外，黃色為快捷專用，紅色則為一般郵件(包含明信片)。澳洲的郵筒為了尺寸較大的郵件也做了貼心的設計，只要將把手往下拉，就可以輕鬆的投遞大型的郵件；若是寄送包裹則需請郵局櫃檯人員代收。

寄明信片

從澳洲寄回台灣的明信片、卡片，需要貼上$2.90澳幣郵票(若有郵資調漲，以澳洲郵局公布為主)，約4～6個工作天可寄至台灣。

澳洲郵資參考表 (澳洲寄送至台灣)

	郵資(澳幣)
一般明信片(小於250g)	$2.90
大型信件(小於500g)	$9.60

＊以上郵資時有異動，以澳洲郵局官方網站最新公告為主
www.auspost.com.au

緊急狀況處理

出外旅遊，除了保持心情愉快外，仍要提高警覺注意自身安全。

報警、火警、救護車緊急求救專線，電話撥打000

輕鬆旅遊安全第一

觀光客人生地不熟，比較容易成為歹徒下手的目標。但只要注意以下幾個重點，仍可以輕鬆安全地享受澳洲好風光。

包包貼身攜帶

在餐廳吃飯，包包不要掛在椅背或放在其他椅子上；搭車或遇人多時，背包往前背。

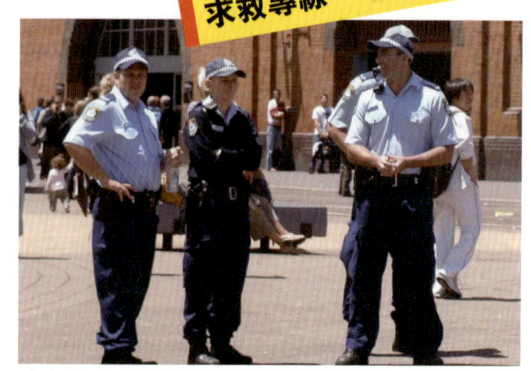

▲ 在澳洲，警察是維持治安最重要的一股力量

忽略車站行乞

不管是公車站、火車站都有許多人以行乞車錢為生，建議揮手拒絕或快步走過即可。

夜間乘車安全

晚上7、8點後火車站較冷清，喝醉酒的乘客不少，建議避免搭乘離出口較遠且無人的車廂。

避免暗黑小路

暗巷通常是治安的死角，尤其晚上一定要挑選明亮的、主要的道路行走。

▲ 在澳洲，隨時可看到警察車輛在巡邏

護照遺失

報案

向當地的警察局報案，並索取警察機關發給之報案證明(Police Report)。

備妥文件

- 填妥之「普通護照申請書」一份。
- 申請人最近6個月內拍攝之2吋白色背景彩色相片2張。
- 當地警察機關發給的報案證明(Police Report)。
- 申請費用為$65澳幣(若有調漲，以駐澳大利亞台北經濟文化辦事處為主)。

申請遺失補發

向澳洲各區的駐澳大利亞台北經濟文化辦事處申請補發。

機票遺失

目前大多數的航空公司都是使用電子機票，建議旅客出發前除了多印一份放在行李箱備用外，也將電子檔存在手機裡，直接到航空公司櫃檯辦理報到手續也可以，旅客資料都已經在航空公司的電腦系統裡。

信用卡遺失

信用卡遺失會有被盜用的風險，因此一發現遺失應立即打電話至發卡公司申報掛失。建議出發前就將卡片資訊(卡號、有效年月等)及掛失聯絡方式備份，才不會亂了手腳。

金錢遺失、招竊

報案

向當地的警察局報案，並索取警察機關發給之報案證明(Police Report)。

匯款應急

若需台灣親友跨國匯款應急，可透過西聯匯款進行跨國現金匯款。

♥ 貼心小提醒

西聯匯款 (Western Union)

使用西聯匯款跨國匯款24小時內即可收到款項；手續費、辦理方式以西聯匯款網站公布為主。

http 台灣西聯匯款：www.westernunion.tw
http 澳洲西聯匯款：www.westernunion.com.au

求助駐澳洲辦事處

有發生緊急情況，也可依各地區所在駐澳辦事處求助。

遺失護照這裡辦

駐雪梨辦事處(新南威爾斯州)
✉ Suite 1902, Level 19, MLC Centre, King Street, Sydney NSW 2000 Australia
☎ +61-2-8650-4200 / 急難救助：+61-418415572
FAX +61-2-8650-4286

駐墨爾本辦事處
(維多利亞州、塔斯馬尼亞州、南澳州)
✉ Level 46, 80 Collins Street, Melbourne VIC Australia
☎ +61-3-96508611 / 急難救助：+61-413880934
FAX +61-3-96508711

坎培拉代表處(坎培拉州、西澳州)
✉ Unit 8, Tourism House, 40 Blackall Street, Barton, ACT 2600 Australia
☎ +61-2-6120-1030 / 急難救助：+61-418284531
FAX +61-2-6273-3228

駐布里斯本辦事處(昆士蘭州、北領地)
✉ Level 11, 46 Edward Street, Brisbane QLD 4000, Australia (大樓入口由Margaret St進入)
☎ +61-7-3828-1699 / 急難救助：+61-437921436
FAX +61-7-3828-1688

＊以上辦事處服務時間週一～五09:30～17:00

＊以上資料時有異動，出發前請再次確認。

生病、受傷

澳洲的醫療制度與台灣的醫療制度十分不同，並不像台灣一樣可以針對不同症狀直接去診所掛號，以下說明澳洲的醫療流程。

藥局、藥劑師

輕微的疾病，如感冒、喉嚨痛、發燒等，可以先到藥局(Pharmacy)找藥劑師(Chemist)。在澳洲，藥劑師也有豐富的醫療知識及經驗，如果症狀不嚴重，藥劑師會直接推薦適合的藥品；藥品如果需要處方籤，藥劑師會建議看家庭醫生。

▲ 澳洲商店打烊較早，通常晚上10點後藥局皆已關門

家庭醫生(GP)

類似台灣的綜合型小診所，輕微的不舒服，或是人不舒服但不知道哪裡出問題，都可以找家庭醫生。家庭醫生會幫病人做初步診斷，如果他判斷無法幫你醫治，他會寫一封轉診信，讓你拿去專科掛號。澳洲的家庭醫生大多為私人診所，建議提前1～2天預約，每次問診費約$50～80澳幣，若因特殊情況需要抽血、尿液檢查或拍X光片等，皆需額外再付費。拿到的處方籤也需要病患自行前往藥局付費購買。

貼心小提醒

可要求免費中文翻譯

在澳洲只要是符合資格的醫療人員，幾乎都可以使用免費翻譯(Interpret)，若擔心英文不通，可以要求醫生現場打電話給通譯人士，對方會幫忙逐句口譯。

公立、私立醫院

澳洲的醫院沒有門診，只有急診，急診依照病人的嚴重程度排序處理，而非抵達的先後順序，若非緊急狀況，通常需要等上好幾個小時，因此只有十分嚴重、危及到生命危險時才會建議前往急診。如病情嚴重可撥打000叫救護車，救護車單趟費用約$1,200澳幣。

醫療中心

醫療中心（Medical Centre）類似台灣的醫院，有專門的分科，且有專科醫生（Specialist）負責看診，醫療設備豐富齊全。如果明確知道自己身體哪裡不適，可直接預約專科醫生，不需要經過家庭醫生，但醫療中心的看診費會更昂貴。

留意花粉症

澳洲花草樹木特別多，每到春天，總有許多人為「花粉症」所苦。花粉症症狀類似感冒但不會發燒，通常早晨因花粉在空氣中傳遞量最高，症狀最明顯，之後症狀會減緩不少，但也可能一整天都持續不舒服。若自知有花粉症的旅客，應避免春季前往澳洲。

找廁所

一般速食店、購物中心、觀光景點、遊客中心都有公共廁所可以使用，所以不會很難找。但需注意的是，在公廁中，有時會看到一個黃色的小鐵盒，並不是放置衛生用品的垃圾桶，而是給施打毒品者丟棄針筒的地方，遊客勿隨意碰觸棄置箱，以免感染病毒。

防曬

南半球的紫外線比北半球還強，根據研究，澳洲人罹患皮膚癌比例為全球第一。除了日常的陽光照射外，戶外運動、曬日光浴也是導致皮膚癌的原因。旅客在享受澳洲好天氣的同時，也別忘了做好防曬準備，才不會在不知不覺中曬傷。

■ 如何防止曬傷？
- 盡量尋找陰涼處，避免直接曝曬在陽光下。
- 準備可遮陽的用品或穿著可遮陽的衣物。
- 使用防曬係數恰當的防曬乳，並定時補擦。

■ 曬傷後如何處理？
- 避免再接觸陽光，盡量在室內活動。
- 毛巾包覆冰袋進行冰敷。
- 使用能舒緩皮膚或有保濕效果的乳液。
- 曬傷嚴重可能會有中暑症狀，建議直接就醫。

救命小紙條 你可將下表影印，以英文填寫，並妥善保管隨身攜帶

個人緊急聯絡卡
Personal Emergency Contact Information

姓名Name：

年齡Age：

護照號碼Passport No：

血型Blood Type：

信用卡號碼：

海外掛失電話：

旅行支票號碼：

海外掛失電話：

航空公司海外電話：

緊急聯絡人Emergency Contact (1)：

聯絡電話Tel：

緊急聯絡人Emergency Contact (2)：

聯絡電話Tel：

台灣地址Home Add：(英文地址，填寫退稅單時需要)

投宿旅館：

旅館電話：

其他備註：

澳洲救命電話隨身帶

警察局、消防局、救護車：000 ／ 外交部旅外國人急難救助全球免付費專線0011-800-0885-0885
駐澳大利亞台北經濟文化代表處各區急難救助電話：
＊坎培拉特區 (ACT)及西澳洲 (WA)：+61-418284531
＊新南威爾斯州 (NSW)：+61-418415572
＊昆士蘭州 (QLD)及北領地 (NT)：+61-437921436
＊維多利亞州(VIC)、南澳大利亞州(SA)、塔斯馬尼亞州(TAS)：+61-413880934

行前最後確認 每一次的旅程總是讓人期待不已，在出發前多花5分鐘做最後的確認吧！

☐ 護照的有效期限是否還剩下6個月？護照照片頁可影印備份。
☐ 澳洲的電子觀光簽證是否已申辦完成？
☐ 前往澳洲的來回機票預定好了嗎？別忘了列印下來隨身攜帶，也給家人備份。出發前再次檢查自己的名字拼音是否正確。
☐ 信用卡的卡片是否已簽名？卡片資訊和銀行聯絡電話可備份。
☐ 外幣兌換的準備。

☐ 若手機需要海外漫遊服務，和電信公司先行確認。
☐ 手提行李請勿放入超過單項超過100mL的液體。
☐ 常用藥品記得放入手提行李。
☐ 抵達澳洲後，從機場到第一晚住宿飯店的交通方式。
☐ 海外旅遊保險的保險單。
☐ 去機場前別忘了秤秤自己的託運行李，別超過航空公司行李重量限制。